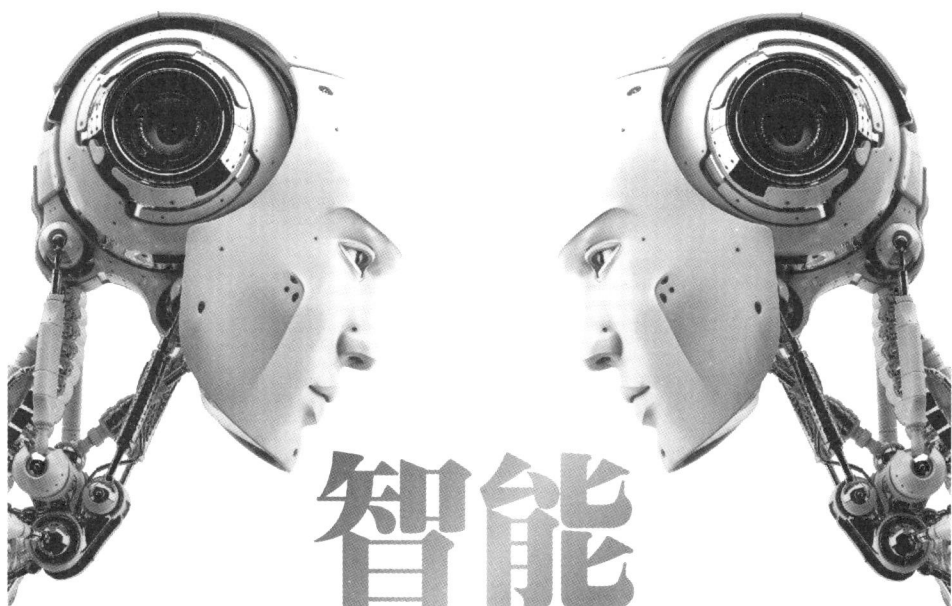

智能商业时代

打造下一代商业领域的独角兽

蔡余杰◎著

ZHEJIANG UNIVERSITY PRESS
浙江大学出版社

图书在版编目(CIP)数据

智能商业时代：打造下一代商业领域的独角兽/蔡余杰著.—杭州：浙江大学出版社，2017.10
ISBN 978-7-308-17355-1

Ⅰ.①智… Ⅱ.①蔡… Ⅲ.①互联网络—应用—商业模式—研究 Ⅳ.①F716

中国版本图书馆 CIP 数据核字(2017)第 216170 号

智能商业时代：打造下一代商业领域的独角兽

蔡余杰　著

责任编辑	黄兆宁	
责任校对	陈　园　汪　潇	
封面设计	国风设计	
出版发行	浙江大学出版社	
	（杭州市天目山路 148 号　邮政编码 310007）	
	（网址：http://www.zjupress.com）	
排　　版	杭州林智广告有限公司	
印　　刷	杭州钱江彩色印务有限公司	
开　　本	710mm×1000mm　1/16	
印　　张	13	
字　　数	180 千	
版 印 次	2017 年 10 月第 1 版　2017 年 10 月第 1 次印刷	
书　　号	ISBN 978-7-308-17355-1	
定　　价	42.00 元	

序　言

　　随着阿尔法围棋（AlphaGo）在国际围棋大赛中崭露头角，人工智能渐渐引起了人们的重视。数据挖掘技术、云计算技术、移动互联网技术、物联网技术，让人工智能从想象变成了现实，各行各业几乎都能够看到人工智能的身影。

　　人工智能客服、人工智能支付、人工智能出行、人工智能电商平台……从一个个简单的名词演变为一种火爆的社会现象。人工智能正在引领着无数人为之疯狂，一时之间，各行各业都有"AlphaGo"的涌现。

　　传统的商业时代，正开始朝着智能商业时代迈进！

　　在这个时代，传统的企业到底该如何做，才能够更加顺应时代发展的潮流呢？假如你是投资人，又该如何判断发财的机会呢？

　　以机器学习为代表的人工智能技术，实际上就是一种方法论，从本质上说，就是用越来越强的计算能力，让计算机能够代替人类在超高维的数据空间中寻找和发现规律。这种方法论在任何领域都很适用。对于那些机器而言，它们感知不到行业之间的差别，所干的活儿也都是一样的。它们精准算出真实数值之间的"损失"，并且将这些"损失"降低到越小越好。行业是千变万化的，不同行业的损失函数所创造出来的商业价值也是千差万别的。

　　如果从 VC（投资者）的角度考虑，投资人工智能公司比投那些内容创业公司或者是做 App 的公司需要更多的资金。

然而,人工智能的趋势已经成型,各行各业的智能化也进行得如火如荼,那么,对于那些想要在智能化时代分得一杯羹的人来说,应该注意哪些问题?

我们首先需要明确一个问题:人们去投资一个领域,主要是为了收益。那么收益从哪里来?

人工智能在垂直领域中所解决的大多也都是分类问题。比如,可以把网民分为两类:点广告的和不点广告的,会购买和不会购买的,打游戏会充钱的与不会充钱的。再比如,图片识别,即分辨照片上的人是员工还是客户,是好人还是坏人,甚至汽车屏幕上飘过的是一朵云还是一面墙等诸多的分类问题。

人工智能对类别的判断,就好像是学生在做选择题,连蒙带猜。猜中率高也是一种本事。有哪个行业能够靠着这个本事挣到大钱呢?这就需要分析成本与收益。成本无须赘述,而收益则可被分为正收益与负收益。

正收益就是计算正确的时候企业的经济收益,而负收益则是计算机蒙错的时候所造成的损失。

当前,这种商业模式应用得比较好的就是互联网广告行业,机器会去猜测用户会不会点击广告。如果机器猜对了,就可以找广告客户收取一块钱。如果猜错了,就换个广告来展示。只要用户够多,互联网广告公司基本上能够坐着数钱,不需要承担风险。

对于金融行业来说,就需要好好算算账了。机器人需要猜对哪只股票要涨或者哪个贷款客户比较靠谱。猜对了,公司自身还有得赚;万一猜错,就需要有成本输进去。而这就需要强大的数据支撑。很多做征信的高手都明白,每个"欺诈数据"的背后所亏损的都是真金白银。

再比如自动驾驶,如果开得好,那自然是很酷,但万一出了事故需要负责任怎么办?就算是技术积累最好的谷歌都会担忧这些问题的出现。

凡此种种,我们不难发现,智能化其实已经渗透到了人们生活的方方面面。小到穿衣吃饭,大到出行医疗,智能化正在逐渐地改变着人们的生产与生活。

在继第三次工业革命之后,智能化的工业 4.0 时代正为人们开启一段全新的体验之旅。比如,手机上的聊天机器人,不仅能充当你的感情顾问,还能跟你插科打诨、聊天卖萌,为你排解寂寞、解除苦恼。

当智能化的春风吹遍神州大地的时候,各行各业都开始跃跃欲试。然而,谁能成为最后的赢家,谁能搭上智能化的快车,在这个信息化技术高速发展的时代,改变企业的发展现状,顺利完成转型,这是摆在所有企业面前的难题。如何去做才能顺利地与智能化接轨?如何去做才能不落后于智能商业时代的步伐?搞懂智能商业化的本质,了解智能商业化的特征,将智能商业化的核心技术应用到自己的企业之中,就能够让自己的企业迎来全新的机遇,赢得更好的未来。

CONTENTS **目 录**

1

智能化给商业带来的翻天巨变

伴随着智能手机与物联网的普及，人们的生活变得越来越智能和便捷。与此同时，智能化也开始渗透到商业领域，给现代商业带来了翻天巨变。

从最早的智能家居，到后来的智能机器人，再到现在的数据智能匹配、智能场景切换，智能化已经变得越来越普及，成为人们生活中的一种常态。

1.1 人工智能正逐渐走进我们的生活

2016年3月,5场观看人数共计5亿人的"人机大战"捧红了人工智能程序阿尔法围棋(AlphaGo)。一款依托大数据与深度学习的技术程序以碾压性的优势4:1战胜了世界围棋冠军、职业九段选手李世石。这场世纪比赛也向人们宣告了人工智能时代已经到来。

当人工智能(Artificial Intelligence,AI)逐渐走进人们的世界,新一轮的商业革命也正式拉开了帷幕。一时之间,各种关于人工智能的讨论精彩纷呈。英国科学协会委托网络调研公司YouGov进行了一项调查,结果在被调查的人中,大约有36%的人认为逐渐兴起的人工智能技术将会给人类生活带来巨大的冲击。的确,当人工智能逐渐普及,甚至其运用将要变成一种常态时,身处其中的我们不禁要问:我们该如何应对这场跨时代的变革?

数据化运营,有效提升成交率

随着互联网的不断普及,社交网络变得发达,数据交互变得越来越频繁,人们的一些消费习惯以及消费需求开始形成大量的数据。与此同时,大数据和云计算技术日趋成熟,越来越多的生活数据以及商业数据可以被捕捉。

比如,滴滴出行就是人们在出行领域中对大数据的精准利用下产生的。回顾一下打车 App 的历史,其诞生其实并不算太久远。最初,当网约车在市面上崭露头角的时候,很多人甚至一度对其持怀疑态度。然而现在,网约车已经逐渐成为用户最依赖的出行方式之一。

滴滴出行这款 App 之所以能够迅速在出行领域占据一席之地,赢得自己的发展空间,最大的优势就是玩转了大数据。即在打车平台,对用户打车需求以及司机出车需求进行了精准匹配。

当打车软件最初出现的时候,很多人对此不能理解,也看不懂。但是现在,各种各样的打车软件已经开始渗入我们的生活,并深深地影响我们的出行习惯与出行方式。

中国互联网络信息中心(CNNIC)最新发布的《第 38 次中国互联网络发展状况统计报告》显示,2016 年上半年,网络预约出租车的用户规模已经达到了 1.59 亿人,在网民中的占比为 22.3%;网络预约专车类的用户规模达到了 1.22 亿人,在网民中的占比为 17.2%;网络预约出租车与专车类用户在网民中的渗透率达到了 24.3%。

打车 App 的出现,一方面改变着人们的出行方式与出行习惯,另一方面也改写着出行领域的商业格局。

随着 App 市场竞争愈演愈烈,有人黯然离场,有人独占鳌头。更加智能化的打车 App,疯狂地瓜分着传统出行领域的市场。

不仅仅是在出行领域,一些电商平台也开始纷纷拿起大数据这把利器,打造出自身强大的供应链体系,研发出了最贴近现实情况的运营决策工具。

以京东商城为例,在平台创建之初,京东就以服务好商家为己任,不断将自身的数据化运营经验与方法分享给整个商业界。

随着商家之间的竞争越来越激烈,越来越多的商家开始寻求破局之道,积极研究数字化运营技术。

小狗电器就是较早入驻京东商城的商家之一。这些年,通过对京东数据运营工具的使用,小狗电器达到了很好的引流与成交目的。

数据化运营让电商企业能够更加精准地进行信息推送。而京东平台则通过大数据为用户进行精准"画像",这样一来,商家就可以以智能投递的方式取代盲目的广告投放,从而高效了解用户需求,提高用户体验,进行数字化的运营与销售,提高平台的运营效率与口碑。

商业生活中产生的大量数据,已经让人们的生活越来越接近智能化。

在利用大数据推进智能商业发展的道路上,科大讯飞可谓是其中的先行者。提起科大讯飞,很多人想到的就是"人工智能"和"智能语音"这两个标签。科大讯飞做大数据的逻辑就是利用大数据让人工智能变得更加智能,同时通过人工智能让大数据变得更加有价值。

通过这种人工智能化的数据分析,之前很多难以分析的非结构化、多媒体的数据都可以被有效地梳理。

在利用大数据方面,科大讯飞主要在三点上表现突出:精准营销、教育学习与智慧城市。

在精准营销方面,科大讯飞拥有 8.9 亿用户,累积的用户数则达到了 12 亿。从这些用户中可以产生 1700 类标签,精准营销就是根据这些标签对用户进行"画像",利用大数据来改变传统的商业模式,实现商业变现。不仅如此,科大讯飞还为第三方机构的精准营销提供数据交换与数据查询服务。在教育方面,科大讯飞帮助学校以及相关的教育机构完成数据采集任务。在智慧城市方面,科大讯飞在试点城市中打通了多数据平台,建立了一站式的政务办理系统。

人们生活的方方面面已经开始产生庞大的数据流,而一些商家或者平台利用这些庞大的数据流对用户的需求进行分析、"画像",捕捉到那些对他们有用的信息,进而可以有效提升成交的效率。一个全新的智能商业时代正在拉开帷幕,人们的生产与生活也将因此而受到智能时代的深刻改变与影响。

人工智能,解放更多劳动力

智能化的不断发展,让更多的商业领域享受到了智能化所带来的便捷。

如在种植领域,有能够进行自动灌溉的无人机;在售后服务领域,有智能机器人。

人工智能技术已经开始对现有的劳动生产力素质、产业结构以及就业形势造成前所未有的冲击。在这一大波智能化的产业浪潮中,讯飞、搜狗、百度、京东、淘宝等人们耳熟能详的名字背后都有人工智能的影子。

比如,科大讯飞就曾跟江苏、湖南等地的教育部考试中心合作,其研发的机器人在学习过 500 份专家所批改的试卷后,就可以为其他几十万份试卷进行评分。再比如,机器人学习了法院科技法庭的司法大数据之后,在一线法官判案的时候,就能够为其提供有价值的参考意见。

这些人工智能机器人通过对顶尖专家的知识的学习,很快就能达到一流专家的水平,快速超越 90% 以上的普通专业人士。

正是因为这样,《科学》杂志才会给出这样的论断:到 2045 年,全球将会有 50% 的工作岗位被人工智能所取代。而这个数据,在中国则将会达到77%。也就是说,在 30 年之后,我国每 4 个工作岗位中就会有 3 个被人工智能替代。

针对人工智能逐渐普及的现象,业内人士还预测,在不久的将来,翻译、人工客服以及速记等可以直接输入输出信息的工种,多半会被人工智能所取代。而教师、工程师、医生等需要天赋、经验与判断的工种,则能够在人工智能的辅助下极大地提升工作效率。

人工智能化的大发展,将解放更多的劳动力,让人类能够把更多的时间与精力投入更有意义的创新活动中去。这是产业发展的时代趋势,也是人力资源不断升级所形成的倒逼机制。

在 2016 年 9 月召开的 G20 峰会上,创新增长方式被设定为会议的重点议题。在峰会正式开始之前所召开的 20 国集团工商峰会上,习近平总书记还重点提及了人工智能,并指出,人工智能将会给我们的生产与生活带来革命性的巨变。

在推进"中国制造 2025"的进程中,如果我们能够抓住人工智能的产业机遇，那么，在全球的价值链中中国也将会拥有更大的话语权与影响力。

在这一场时代变革中，我们每个人都将会成为被变革的一分子，如果不能尽快做出反应，就只能成为时代的看客。

在这场人人都被裹挟其中的人工智能潮流中，那些具备敏锐洞察力的商业精英已经开始利用智能化的工具来尝试改变当前的商业现状。比如，百世快递。

2016年"双十二"到来之际，各大快递再次爆仓。在天津市，快递员每天的派送量都在180件到250件之间。如此庞大的派送任务，如何才能确保快件派发流程百分百的准确与流畅呢？

对此，百世快递天津分公司是这样做的：他们在增加人员与车辆的基础上，又新增了智能分拣设备。利用这台分拣设备，每小时就可以分拣出11000件快件，这个速度是人工分拣的4倍。

此外，在分拣处的高处还挂着照相机，对传送带上的快件面单进行拍照，照片被上传到服务器后，服务器就能够根据大数据的计算结果，对传送的快件进行配置，高效完成分拣任务。

打个比方，快件单上所填写的收件地址如果是上海，当照相机给快件面单页拍照之后，经过信息处理，传送带就可以快速将快件传送到前往上海的隔口内。

除了照相分拣，区域编码的方式也极大地提升了分拣效率。在每一张面单上面都会有一个"二维码"，通过编码来替代快递的派送站点，其形式一般为：末端中转部—末端网点承包区。比如，塘沽杭州道—114，就代表塘沽直营分部。

拍照与二维码分拣，减少了分拣工作对人的依赖性。在以前，如果某个区域的分拣员不来上班，工作就会难以进行下去，现在，这个问题得到了很好的解决。

在分拣的最后环节，百世快递还在工作人员的把枪上做了文章。全新的把枪能够与二维码技术形成完美对接,当分拣机运行达到峰值之后,就需要工作人员利用人工来辅助。新型的把枪在这个时候就能够派上用场了,工作人员借助把枪扫描面单上的条形码,把枪的屏幕上就会显示出快件地址的"二维码",这样,就能有效地提升快件分拣工作的效率。

从教育到农业,从客服到快递,智能化的高速发展解放了越来越多的劳动力。而伴随着智能化渗透到各行各业,新的商业格局也将形成。那些能够敏锐捕捉到智能化所带来的商机,并且能够提前适应智能化时代的人,将会赢得更多的机会。反之,那些不懂得适应时代发展潮流,不懂得学习与进步的人,则可能会在这个全新的智能商业时代逐渐被淘汰出局。

商业智能,带来全新的营销境界

智能化正在深刻地影响着商业领域,越来越多的人开始意识到技术与产品对时代发展所产生的巨大改变。

越来越多的传统行业与传统职业正在被不断发展的互联网技术所变革,营销领域也不例外。

根据商业智库 Gartner 的预言,到 2017 年年底,在各大企业中的首席营销官(CMO)对技术产品采购的参与权将会超越首席信息官(CIO)。

换言之,随着时代的发展,技术已经逐渐成为营销工作中非常重要的一个环节,并直接或者间接地影响着整个营销领域。现实生活中就有这样的真实案例。一位 Java 程序员跳槽到金伯利钻石有限公司之后,因为懂得技术,很快就成了金伯利的技术营销官。

"技术"的不断崛起,让营销市场面临着重新洗牌的局面。营销自动化、市场分析工具、数据管理平台、CRM(客户关系管理)软件、SEO(搜索引擎优化)等名词也开始大量地进入人们的视线。

　　媒体与营销渠道的多元化、碎片化，也开始迅速扭转企业进行市场营销的方式与环境。全新的营销技术正在取代传统的营销模式，成为留住用户、吸引用户、增强用户黏性的重要增长手段。

　　在 2016 年 7 月，知名的数据技术公司 Data Xu 面对美国以及欧洲 532 位职业市场营销主管进行了一项调查，其中有这样一个问题："对于一位成功的营销主管来说，哪些技术将会变得越来越重要？"

　　这些人中有 2/3 的人认为，理解市场营销技术将成为一名成功营销主管仅次于"创造力"的第二项重要技能。而人工智能则是现代市场营销技术中必不可少的一项助力，这项助力，将会帮助"技术＋营销"达到一种全新的高度。

　　伴随着人工智能的不断发展，越来越多的人已经意识到，在未来，数字化营销将会改变整个营销领域的格局，促进营销领域完成一个从量变到质变的飞跃。

　　在这个过程中，智能化将会是推动数字营销变革的加速器。智能化已经渗透到了互联网营销领域的方方面面，众多的数字化营销平台也开始调转风向，朝着智能营销的方向转型。

　　在数字化营销的过程中，智能化是如何体现出来的呢？

　　百度大客户部经理曾华这样说："在互联网发展史上，数字营销可以分为三个阶段：第一个阶段是 PC 端的互联网阶段，在这个阶段，主要需要覆盖流量；第二个阶段是移动互联网阶段，在这个阶段需要有精准的大数据；第三个阶段是人工智能场景技术阶段，重点是对场景进行捕捉、即时融入以及对场景进行拟真体验。"

　　在智能商业时代，百度也加速了其布局规划，数字营销被分成了三个阶段。第一阶段，强交互。在这一阶段，搜索结果、现实物品与用户可以进行深入交互。比如，在幼儿园中，就可以用 AR（Augmented Reality，增强现实）技术对三维的动物进行展示，与儿童进行互动。第二阶段，虚实结合。在这一阶段，可将之前不能实现的场景变成现实，比如远程办公、远程效果展示等。第三阶段,信息获取方式交互使用。在这个阶段,AR 将会是人与现实、信息交互的载体,从而极大地改变人类获取信息的方式。

伴随着智能营销技术的日臻完善,构建于"技术＋场景"基础上的全新营销方式往往能够取得出其不意的营销效果。

据外媒报道,曾经有一款游戏火遍全球,美国一家服装连锁品牌店将线下店面打造成了游戏中的应用场景,吸引玩家到店玩耍,从而达到成功引流消费的目的。在纽约,还有一家餐厅店的经理也采用这种营销方式,购买了大量的游戏道具,吸引了大量的人流,让餐厅的营业额倍增。

智能营销已经成为当代营销的一种必要辅助手段。现在,百度利用 AR 技术,与欧莱雅、奔驰、伊利等大品牌厂商展开合作。而这些传统的商家也已经逐渐意识到了智能化乃是大势所趋,开始积极地适应变化、拥抱变化。

这些智能营销时代的先行者,利用全新的营销场景,打造出了更加出色的营销案例,达到了更好的品牌传播效果。

百度作为搜索巨头,累积了大量的数据,能够为合作伙伴提供平台支撑与技术支持,帮助品牌完成其广告新形式的跨越。而这也注定了百度将会成为人工智能领域的先行者,并将成为传统广告营销的"掘墓人"。

无独有偶,当百度开始在智能营销领域摩拳擦掌的时候,阿里巴巴也开始有所行动。

2016 年杭州云栖大会的营销论坛上,阿里妈妈发布了其堪称引领营销变革的核心智能营销引擎——OCPX,进一步推动了数字营销走向智能化。

在大数据驱动营销的时代,自动营销技术、智能图像 OCR 识别技术、AFP 赋能媒体以及在智能化广告中的大规模稀疏结构化深度学习等主题都在阿里妈妈的营销论坛上被毫无保留地分享了。

OCPX 是一款智能营销引擎,其精髓就是对现有的数字营销模式进行智能化升级,通过进一步优化的智能流量分配以及智能出价技术提升营销效率。

阿里妈妈的大数据赋能营销体系,让智能化的产品参与到商家的营销过程当中去，极大地提升了媒体以及合作伙伴的效率。

智能营销已经成为当前营销的一种重要趋势。阿里妈妈的资深技术专家吴波就这样表示："创意、触达和出价是数字营销的核心要素。然而现在，搜索与数字营销对人工过度依赖。从关键词选择到圈定目标用户再到定佣金等环节，都受营销人员的技术能力以及数据累积程度的限制。"

打个比方，当前情况下，用户在进行搜索营销的时候，对关键词的利用率还不足10％。就算是系统把广告词推送到了广告主的跟前，在后续的操作与甄别方面也充满了挑战。

这个问题最大的根源就是触达和出价两个关键环节。人工在面对庞大的数据与流量的时候，往往会感到力不从心。在这种情况之下，如果机器能够学习到海量的用户数据，了解到用户的真实意图，就能够对流量与创意做出最佳的匹配。

在出价上，不同的时间、地点、场景与人，所使用的出价也应该是不同的。很显然，这种精细化、高难度的甄别工作，人工很难做到尽善尽美，也无法给出一个完美的维度组合，无法给出合理的定价。

阿里妈妈在做的事情，就是通过机器进行学习，对每一个PV（Page View，页面浏览量）的流量价值进行智能计算，最终保证出价合理。

从这个意义上说，阿里妈妈在做的事情，就是让更多的商家、平台懂得数字化营销的意义，利用智能化的营销手段跟上时代发展的脚步。

构建在大数据与智能算法基础上的数字化营销，操作便捷，效果显著，能够让平台、广告主与消费者达成三方共赢。这不仅昭示了智能商业时代营销方式变革已经成为必然，也预示着智能化营销将会成为当前营销的一种新趋势。

1.2　智能商业时代的四大特征

伴随着智能手机的普及以及大数据、云计算的盛行，我们的生存环境已经开始在不知不觉中发生改变。大数据、云计算与人工智能化的迅猛发展，已经对社会与商业产生了深刻的影响。一股全新的智能化潮流正在席卷着整个社会，从学术界到企业界，从农业到商业，智能化浪潮已经成为不少有识之士的共识。

智能商业时代的到来，带给整个商业领域的影响是堪比第一、二次工业革命的，这场智能化的浪潮将推动着我们的技术、商业与社会再一次完成历史性的跨越。

无限趋近于完全机器运行

在智能商业时代，公司智能化最重要的一个体现就是会无限趋近于完全机器运行。以大数据与云计算为支撑的机器运算系统，会将人们完全地从繁杂、单调的工作中解放出来。

比如，易到用车的员工就可以不用坐班，还可以随时度假。因为智能的数据系统，已经完成了最好的匹配：乘客下单，司机接单。易到用车创始人周航还表示，在未来，易到用车将会更加致力于发展智能化，如果乘客对订单有任何的疑义,都可以通过智能的后台系统来处理。比如,乘客用车两小时,平均每小时行驶 19 公里,可是却被扣除了上千元。乘客把这种异常的情况反馈给系统之后,机器就能够做出比人工更妥帖的处理。比如,结合用户以往的用车数据,将差价退还给用户。

在智能驱动商业不断更迭的时代,人的价值更多地被体现在产品改进上。通过人工的不断改进,系统会变得更加完善,操作也会更加智能化和人性化。

在智能化不断融入人们生活的同时,那些开始适应智能化的企业也走在了时代的前列。滴滴打车就是其中的佼佼者。

当绝大多数人还把网约车仅仅当成一个打车工具的时候,网约车已经在做一些让人感到瞠目结舌的事情了。滴滴出行平台就玩转黑科技,参与到优化城市道路交通的宏伟工程当中去。

滴滴出行平台每天都会接收到很多用户端与司机端的出行数据,在每一次出行的背后,都是有效数据的累积,更是对一座城市交通状况直观和深入的了解。对于那些一线城市来说,网约车的存在对一座城市的规划与发展具有极其不凡的意义。

首先,网约车的出现,优化了用户的出行体验,为用户的出行提供了更多可供选择的渠道。

其次,网约车的出现,让更多的用户开始改变出行的习惯,减少开车的次数,这在某种程度上也缓解了城市道路交通的压力,有效地减少了汽车尾气的排放量。

最后,滴滴平台积极地参与到优化城市道路交通的基础规划当中去。

2016 年 12 月 5 日,滴滴出行高级副总裁兼工程技术委员会主席章文嵩在武汉光谷所举办的"行·未来——你所不知道的滴滴"活动现场,为现场的观众详细地介绍了滴滴出行服务的黑科技,向观众们展示了滴滴是如何学习和了解一座城市的。

当乘客打开滴滴出行的 App，使用叫车服务的时候，在短短的几毫秒时间内，滴滴的中枢系统CPU就需要运算576亿次，才能顺利为乘客匹配出最合适的车辆。

这是个让人惊叹的数字，可是却形象地展现了滴滴中枢系统强大的大数据处理能力。

不仅如此，滴滴还推出了"推荐上车地点"这个全新的黑科技。截至目前，在滴滴平台上有超过30％的司机与乘客不需要通话就可以在小绿点处找到对方。通过这个黑科技，司机的通话量平均下降了10％，而乘客的平均候车时间则减少了1分钟。

滴滴利用这些大数据完成了对一座城市的学习，并且这种学习还是动态的。比如正处于基础设施提升建设中的武汉，道路也是在不断变化的，也许今天能走的道路，明天就不能走了。而只有在不断地学习中了解城市的动态，才能够为用户提供更加精准的出行服务。

滴滴出行 App 的诞生，一方面给人们的出行带来了便利，一方面也见证了一个智能时代的到来。根据数据统计，滴滴平台每天都会处理超过300TB的数据，这个数据量相当于30万部电影，每天所完成的路径规划请求超90亿次，每日的平均定位数据超过130亿次。

2015 年，在滴滴平台上完成的订单量达到了14.3亿单，这个数据相当于全中国平均每个人都使用过一次滴滴打车。滴滴平台上的车辆累积行驶里程达到128亿公里，相当于环绕中国行驶了29万圈。而2017年，滴滴平台上的订单数据有增无减，将会远远超越2016年。

这些庞大的数据资源，将会被上传到滴滴的云计算工具——滴滴交通云上。滴滴的"大脑中枢"在这朵"云"上根据交通的度量体系完成设定，对海量的数据进行分析，然后让分析的结果为乘客、司机以及主管交通的部门服务，为所有的出行参与方创造价值。

很显然，在出行领域，滴滴出行 App 的出现已经让人们的出行方式变得越来越智能化。滴滴"大脑"的智能操作流程,也让人们的出行效率得到了极大的提升。

其实,不仅仅是在出行领域,在未来,更多的领域都将会极大地趋近于机器运行。比如,农业领域,将会有无人灌溉机取代人工灌溉;在服务领域,也会有智能机器人取代人工服务。在智能商业时代越来越逼近的时候,我们周围已经有越来越多的事物开始发生改变,越来越多的人的生活方式更加趋近于智能化。从智能家居到智能出行,从无人驾驶到无人机。智能化以一种无法阻挡的姿态横扫了人们生活的方方面面。在这种趋势之下,身为智能化时代变革中的一员,商家如何顺应时代,如何重组自身,对其今后的发展尤其重要。

未来,系统一定比你更懂你

也许大家对这样的场景并不感到陌生,当你打开一个网页的时候,在网页的下方总会有一些与你的搜索内容相关的信息。比如,当你在购物网站购物的时候,在侧边栏里总会出现一些由系统自动推送的"你可能感兴趣"的商品信息;当你利用淘宝 App 购物的时候,也会有"你可能感兴趣"的信息推送。在这些由系统自动推送的栏目里,你可能真的会找到自己感兴趣的东西,产生阅读行为或者购买行为。

也许你会感到纳闷,为什么这些网页上的推荐就像是为你量身定制的呢?

答案很简单,这都是大数据运算的功劳。当你在网上产生搜索、购物等行为的时候,系统就会对你的行为自动进行记忆,然后根据你的搜索与购物行为来为你进行最佳的匹配,帮助你找到最合适的信息。

在未来,系统可能会比你更懂你自己。

易到用车创始人周航曾发表过一篇名为"智能时代,福兮祸兮"的主题演讲。在这篇主题演讲中,周航也提到了这个点——未来的系统一定比你更懂你。他还回忆了自己当初创业时所立下的宏伟愿景:"我们了解每一位用户的需求,我们为用户派出去的车一定会是最适合他的车。不管车型、司机特性还是距离,都会是最适合他的。反过来,对司机来讲,我们派给他的订单一定也是最适合他的。最好的结果是,司机早晨一出门就能够给他一张家门口的订单,晚上司机回家的时候,再给他一个离家最近的订单。这样,司机就会感到很舒服,可能就会因此而爱上我们这个平台。"

这是一种非常理想的状态,可惜,目前这种状态不管是易到用车还是滴滴、优步都还没有实现。现在所呈现的一种状态比较简单粗暴,主要是将就效率,即订单一出现,谁离得近就派给谁,其实,这远远不是智能化时代所应该体现出的状态。

当智能化发展到一定的程度之后,系统会比你更加了解你需要什么。比如,当你驾车出行的时候,系统会根据你的出行目的进行选择,为你规划出最佳的出行路线;当你带着家人出去旅游的时候,系统会帮助你自动规避那些人流量较大的景点;当你需要用餐的时候,系统会根据你的喜好以及附近的特色餐馆为你进行最佳的匹配。

以前仅仅在电影中才会出现的场景,现在正逐渐变成了现实,成为人们生活中的重要内容。比如寒冷的冬天,你在回家之前,利用手机 App 事先打开空调,并调整好家里的温度,当你走进家门的时候,就能够享受到家的温暖;下班前,点击手机中的智能操控系统,开启家中的电饭锅,你就能够在回家后立即吃上热乎乎的饭。

智能化已经深刻地影响了人们的生产与生活,影响着当代商业的发展方向。

在这种大趋势之下,雅迪电动车顺应时代发展的需求,首创了智能自测系统。

雅迪的故障自检智能系统,又被称为"雅迪 Z3 的黑匣子"。其运行原理是,搭载汽车级 canbus 系统,在车身的不同地方安装传感器,将汽车行驶的数据反馈到总线上,这些数据经过系统的处理与分析之后,就会显示在车辆的 LED 显示屏或者是车主的手机上。这样就能够让每一位车主都更加了解自己的爱车。

换句话说,当车主启动电动车时,雅迪的故障自检智能系统其实就已经启动了。如果有哪一部分出现故障,故障代码就会显示在车辆的 LED 显示屏上。车主就可以依据这些数据到最近的维修网点去进行维修。当车辆需要进行保养的时候,故障自检智能系统也会对车主发送保养提示。

车主还可以下载雅迪 App,随时为爱车进行检测。雅迪 Z3 智能系统,能够实现手机 App 一键启动、自动锁车等功能。此外,该车还采用了 GPS＋北斗双模定位系统,实现实时定位。如果在锁车状态下车辆发生异常移动,App 会第一时间向车主推送报警信息。不仅如此,App 还能够显示剩余电量、续航里程等信息,这些信息甚至还可以详尽到每月、每周、每日的骑行记录,包括时速、时间、距离等。

当车主都不知道车辆故障在哪里的时候,电动车自己就能完成自测,帮助车主做出最明智的维修选择。这在之前是人们不敢想象的,可是现在正在慢慢变成现实。

在智能商业时代,智能化的产品正在受到越来越多人的青睐和推崇。这些智能化的产品也能够有效地解决用户的需求与困难,更适应时代发展的需要。

移动支付逐渐盛行

由央行最新发布的 2016 年第三季度支付体系运行总体情况报告显示,在 2015 年里,移动支付业务保持着快速的增长。

同样,也有机构统计发现,在 2016 年,中国移动支付的市场交易规模达到 121590 亿元,该机构预测到 2018 年以前,中国移动支付市场交易规模的年均增长率将会保持在 20% 以上,随后还会保持持续较长时间的高速增长。2016 年,在全球范围内,移动支付市场的规模达到 6200 亿美元,与 2015 年同期相比增长 37.8%。而中国就是其中最重要的一个移动支付市场。

与此同时,一项涵盖 7 万份消费者样本的互联网调查显示,在中国内地大约有 40% 以上的互联网消费者每周都会使用移动支付。与内地相比,在中国的香港,每周使用移动支付的人数则占到了 32%,而该数据在韩国为 31%。

移动支付的盛行在某种程度上反映出了时代发展的一种趋势。支付的智能与便捷,反作用于商业格局,推动着商业朝着更加智能化、更加高效的方向发展。

的确,随着打车、外卖等行业开始诞生越来越多的 App,手机支付已经渐渐成为年轻人的新宠。在中国,至少有 84.9% 的网民曾经使用过移动支付。在使用移动支付的人群中,95% 的网友会选择支付宝支付与微信支付。如今,微信支付的用户数量高达 4 亿人,支付宝的使用用户则超过了 4.5 亿人。

在移动支付成为一种趋势的情况下,业内人士预测,凭借支付宝与微信这两大平台海量用户的支撑,中国必将会成为移动支付的第一市场。未来,在全球范围内也将会迎来一个移动支付的中国时代。

在这个时代,群雄逐鹿,那些小企业或许已经失去了角逐的资格。比如,北京润京就已经主动申请终止支付业务,并且获得了央行批准,这是首家主动申请终止支付业务的企业,也是 2015 年年初央行注销第一家支付牌照以来,第四家注销支付牌照的企业。

移动支付盛行,驱使着越来越多的商家与企业开始围绕着移动支付做文章。而归根结底,这场支付盛宴不过是巨头之间的博弈,那些没有实力的小企业完全没有资格与实力去参与。

而移动支付的盛行,也极大地改变着支付市场的格局。从 2011 年 5 月底央行开始发放第一批支付牌照以来,央行所发放的支付牌照总数已经超过了 270 家。多数第三方支付原本还能够依靠在线下商户端铺设 POS 机来收取交易费,现在,随着支付宝以及微信支付的强势介入,用户仅需要扫描商家的二维码就可以完成支付。因此,越来越多的商家开始放弃使用 POS 机。绝大多数第三方支付机构的日子越来越难过,而支付宝与微信支付等支付方式却越来越受到商家的欢迎。用户不需要再去银行刷卡,只需要使用支付宝或者微信就能够完成支付,对个人来说,也方便了很多。支付宝和微信支付已经极大地改变了人们的付款习惯,并且将第三方支付的市场瓜分殆尽。

在这种情形下,市场也就对国内的商家提出了新的要求。如果没有微信支付或者支付宝支付,在某种程度上甚至还可能会造成用户的流失。

为此,越来越多的商家开始在移动支付上做文章,就连一直都很"傲娇",在中国市场坚持刷 Apple Pay 的星巴克也放弃了它的坚持,与微信达成了战略合作,引入了微信支付。

无独有偶,在 2016 年的"双十二"狂欢节上,万宁的门店前就上演了一场激烈的移动支付争夺战:使用云闪付支付,全单四折;使用支付宝支付,超过 1800 款产品可以打五折……

这样的激战其实很能说明一个道理,在这个移动支付盛行的时代,已经有越来越多的商家开始懂得顺应时代发展的趋势。而目前的移动支付也已经陷入了一种群雄逐鹿的"混战"之中,谁能胜出,关键还要看谁更能抓住机会,乘势而动。

各种移动支付方式席卷而来,带给了商家更多的机会,现如今,很多商户都能够为用户提供三四种移动支付的渠道,这既为用户带来了方便,也给商家带来了参与市场竞争的机会。

比如,肯德基就在 2015 年 6 月与支付宝开始了合作,在 2016 年 2 月引进了 Apple Pay,又在 3 月接入了微信。另外肯德基在中国内地还支持银联的"云闪付"。

作为亚洲最大的零售集团,万宁也开始引入多种支付方式,让微信、Apple Pay、支付宝以及银联钱包、QQ钱包等都能够在店内使用。

顺应消费者的消费习惯,迎合时代的发展趋势,乃是当代社会商家从激烈的市场竞争中突围而出的一个重要因素。当商家或者企业不断地适应消费者的生活习惯,对自身做出调整,顺应时代发展需求的时候,商家或者企业就能够从中获益。

利用数据创造出全新的需求与产业

大数据时代的到来,让各行各业都能够搭上智能化的快车,通过分析数据找准自己的行业发展方向,突破自身的发展瓶颈。

而目前的数据也已经显示出,我国的工业也正在呈现出一种积极发展的状态。国家统计局发布的 2016 年工业企业财务数据显示,2016 年的 1—10 月份,我国上规模的工业企业利润同比增长 8.6%,增速比前三个季度要快 0.2 百分点。在这份数据中,10 月份的利润增长达到了 9.8%,比 9 月份要快 2.1 百分点。

物联网、云计算、传感器、大数据、边缘计算以及网络安全与人工智能,推动着智能制造业的加速发展。

有专家预测,人工智能与传感器将会成为智能制造的核心控制技术,今后将拥有更加广阔的发展空间。

在智能商业时代,借助边缘计算、物联网、云计算以及大数据等技术支撑,更加网络化的生产环境被搭建起来,同时数据共享互联的目的将逐步实现,工业互联网的数据安全也能得到保证。

在数据为王的时代,谁能够有效利用这些数据,谁就能够在这个竞争激烈的市场环境中争得主动权,占据发展的制高点。

对于任何一个处于时代风口的商家来说,大数据都是打开未来通道最权威、最科学的工具。数据与数据的碰撞、聚集所爆发出来的价值或许将能够激发出更大的商业产值。

智能制造带动着全产业与全领域的智能传感器应用与发展,进而创造出了全新的经济增长点。比如说,智慧化的工厂、根据数据反馈所进行的定制化生产等。与传统的工厂不同,在智慧化工厂中,工程技术、生产制造、生产供应以及销售等都能够实现全流程的智能化管理。同时,在智慧化工厂发展过程中,还将会带动智能物流、智能建筑、智能电网以及智能移动设备与智能产品领域的快速发展。

在智能化的加速发展下,各行各业都在爆发出巨大的商业潜能。比如物联网产业,国家工信部门的相关数据显示,我国物联网的产业规模目前已经达到了7500亿元。交通领域、医疗健康领域以及车联网领域已经形成了一大批成熟优秀的物联网运营平台,以及可供借鉴的商业模式。

与此同时,在智能商业时代,大数据的分析与挖掘技术也能够极大地发掘出市场的需求与新的商机。

比如,在零售行业,顾客的消费习惯与消费需求,历来都是零售商最为看重的信息,如果你能够比竞争对手更好地捕捉到市场上的变化信息以及市场动态、消费者需求变化,就能够比别人更快地抢占商机。

当然,不仅仅是在零售行业,伴随着智能化迅猛来袭,越来越多嗅觉敏锐的商业人士开始利用大数据来发现更多的机会。这里,让我们一起来看一看,我们身边的那些适应时代变化而涌现的新产业。

案例一:为天气买保险

在现实生活中我们也许都遭遇过这样的情形,在出门旅游、户外运动或者是重大节庆的时候,天公却不作美,不仅心情被糟糕的天气破坏,甚至还给自己造成不小的经济损失。

针对这一情况,美国诞生了这样一家气象保险公司——"天气账单",专门为用户提供各类气候担保服务。

购买该保险的具体做法是，客户需要登录"天气账单"公司的网站，然后提供自己在某个特定时间段不希望遇到的温度或者是雨量范围。"天气账单"网站就会在100毫秒内查询到客户所指定地区的天气预报，以及美国国家气象局所记载的该地区30年内的天气数据。通过对天气数据进行分析，网站会做出是否承保的决定，并以承保人的身份给出合适的保单价格。

这样的服务，不仅个人用户需要，也很受一些旅行社的欢迎。

案例二：堵车预言家

Inrix 公司利用交通流量数据，依靠分析历史以及实时数据给出最及时的路况，帮助司机避开堵车高峰时段以及堵车路段，为司机提供规划好的行程。因为这一强大的功能，这家交通流量数据公司又获得了 3700 万美元的投资。

而这项服务，深受汽车制造商、移动应用开发者、运输企业以及各类互联网企业的欢迎。比如，福特、日产、奥迪、微软等都是 Inrix 的重要客户。

案例三：数字驯水师

以色列一家名为 Takadu 的水系统预警服务公司通过收集埋藏在地下的自来水管道水压机检测数据，以及城市用水量和天气等相关数据，再借助亚马逊的云服务器将这些数据传回 Takadu 公司的电脑系统进行快速算法分析，进而有效地解决了自来水管爆裂、渗水等水资源浪费问题。

如果城市某处地底下自来水管道有爆水管或者渗水、水压不足等异常的情况，这个系统就能够在10分钟之内分析生成一份报告，并且自动将这份报告发给该片自来水管道的维修部门。

在该系统所反馈的报告中，不仅能够准确提供异常状况的类型、水管的损毁情况，还能够准确地标出问题水管的具体位置。当然，利用该系统检测"水路"的费用也是不菲的，每个月的收费达到1万美元。

　　智能化时代,越来越多的智能化产品在人们生活的方方面面取代了人工,并且比人工做得更专业、更精准、更完善。

　　我们可以预见,在未来,这些全新领域依据数据运算将能够真正做到急人们之所急、想人们之所想,真实地诠释什么才是"比你更懂你自己"。在未来,也将会有越来越多的人能够通过数据运算发现那些传统商业所不曾开拓的领域,寻找全新的商机,更好地适应智能商业时代的发展趋势。

2

现代智能商业核心技术之大数据

在 2016 年中国企业领袖年会上,"红衣教主"周鸿祎发表了演说。在周鸿祎看来,人工智能的基础就是大数据。大数据是支撑智能商业发展和变革的重要依据。

的确,有了大数据,人们的需求才能够被直观地反映出来;有了大数据,需求与服务的对接才会更加精准。

我们可以这样说,在智能商业时代,最重要的一项核心技术就是大数据。

2.1 用户的潜在需求，就在数据之后

也许大家对这个经典的案例并不会感觉到陌生：

美国沃尔玛超市在对消费者的购物清单数据进行分析的时候，发现了这样一个有趣的现象：经常与啤酒一起被购买的商品居然是尿不湿！

原来，在美国经常是妻子在家照看孩子，所以，她们经常会叮嘱丈夫在下班回家的时候去超市为孩子购买尿不湿。而丈夫在购买尿不湿的时候，又会顺手购买几罐自己爱喝的啤酒。

商家发现这一规律之后，就将啤酒和尿不湿摆放在一起进行销售，结果，啤酒与尿不湿的销量都开始大幅增长。

表面看起来风马牛不相及的东西，摆放在一起之后，却能够双双销量大增，实属出人意料。而商家所运用的手段，就是通过对数据进行整理和分析，找出了那些看似毫无关联的事物之间的联系，并根据这些联系制定出最佳的销售策略，最终在市场上占据了优势地位。

数据挖掘在智能商业时代的市场逻辑

数据挖掘,较形象的说法是"数据采矿",指的是从海量的、模糊的、不完全的、随机的数据中,提取出那些人们事先并不知道,但是却具备着潜在价值的信息与知识的过程。就好像一座矿山,里面砂石、泥土、矿石什么都有,但是要想办法从中找出有用的矿石,这个过程就是"数据采矿",也即"数据挖掘"。

采矿需要各种各样的设备,同时还要运用到物理、化学、气象、水文地质等各方面的知识,数据挖掘也不例外,凡与数据有关的数据库系统、可视化技术、机器技术、信息技术都需要涉及,它是一门交叉的学科。

虽然如此,也不要把数据挖掘看得有多高深。技术层面的东西可以交给工程师去做,商家需要懂得的就是,为什么要用数据指导经营,数据的挖掘为什么这么重要,以及从哪些层面去指导数据挖掘。

首先我们要知道:

☆ 随着时间的流逝,数据库中的信息会日趋增多,如果不能及时对数据进行分析,前面数据中一些有用的信息就可能被后来的信息所淹没。就算不淹没,也会白白耗费数据分析的人力和物力。

☆ 有必要掌握一些数据的基本知识,比如要掌握数据的特性,学会分辨有用的数据。如果对数据完全一无所知,那就很可能被这个智能时代所淘汰。

☆ 商家对分析出来的数据要有应对的策略,不要做无用功,不要让数据库成为数据的"坟墓"。

商家要有清醒的认识,并基于数据挖掘的层面做好自己的发展策略。掌握数据挖掘与分析的市场逻辑,就可能精准地定位用户的需求,根据用户的需求主动做出改变,以便适应这个风云变幻的市场环境。

比如说,海尔电器就在智能商业时代到来之际,紧紧跟随时代发展的脚步,对自身的发展策略做出了一定的调整。

在海尔第四届中国国际服务贸易交易会上,海尔正式推出了"海尔家电移动互联网服务平台",该平台将会为用户提供智能化的"居家健康家电解决方案"。

海尔能够推出该平台服务,最大的依靠就是海尔拥有庞大的数据支撑。

就拿海尔智能空调的用户来说,依托着海尔的云平台,海尔收集了近200亿条原始数据,进而精准地获悉了用户的需求。然后,进一步将服务生态圈的概念融入现实的生活场景中,创造出了全流程最佳的用户体验。

的确,近些年伴随着移动互联网技术的不断发展,用户的需求也变得越来越多样化,这就给各行各业带来了全新的挑战,家电服务行业也不例外。

面对这样的情况,家电服务行业开始从被动服务向主动服务转型。在从被动向主动转型的过程中,如何获取用户的个性化需求就显得尤为重要。在这个过程中,海尔空调所采取的是大数据采集分析法。利用这个方法,海尔空调有效地解决了这个困扰着行业的难题。

利用自身的智能系统,海尔智能空调云平台已经覆盖了全国443个城市、57228个小区,并且采集到了业内最全面的室内空气大数据资源。

根据自身累积的数据,海尔还上线了海尔"好空气"App。自该App上线到现在,已经采集了用户行为数据3.4亿条,用户的月活跃率为26%,比行业平均水平的两倍还多。

借助着海量的数据,海尔空调对用户的行为轨迹、型号喜好分布、个性化等做出了分析,这些都让海尔为用户提供精准化的服务奠定了基础。

不仅如此,海尔还在其U-home云平台上开发出了安装、绑定、故障、功能使用以及空气质量5张关于空调的使用方面的大数据图,这就能保证海尔从宏观上对用户的需求进行准确的把握。打个比方,通过功能使用的地图显示,海尔就能够直观地发现空调的健康功能最受用户重视。

在成功获得了用户的需求之后,剩下的就是通过搭建"场景"来为用户提供智能服务。

在这个过程中,海尔充分地利用起了移动互联网这个大数据时代的利器,发布了一个名为"人人服务"的服务兵创业平台,在这个平台上,海尔创造性地研发出了一种"用户评价,用户付薪"的运营模式。即用户的评价结果直接跟服务兵的升级与收入挂钩,这就驱动着服务兵更加主动地为用户提供更为完善优质的服务,进而取得用户、服务兵、利益方(海尔)三方互通互联的最佳效果。

当相关数据能够清楚地显示在平台上的时候,用户就能清晰明了地找到那些服务好、评分高、离自己近的服务兵,并选择他们为自己提供服务。

这种"人人服务"的模式与滴滴打车类似,但是又与滴滴打车有所不同,海尔所采取的服务是双向渠道,在它的服务平台上,用户能够进行全流程的体验交流,留下对其他用户有价值的数据。

海尔的智能服务系统,将互联网与人工智能相结合,自动辨识用户从购买产品到使用以及更新换代这个全流程中用户所有显性与隐性的需求,然后智能化地提取那些用户需要的绿色、高效、增值服务,进而搭建起了更加丰富的场景服务生态圈。

其实,不仅仅是海尔,很多大企业也在通过挖掘与分析大数据,来创造智能应用场景,为自己挖掘出更多的商机。

比如说,支付宝在推出基本的支付功能之后,根据用户需求推出花呗分期消费,以及余额宝、娱乐宝、芝麻信用等功能,满足用户多种需求,为用户提供个性化服务。

在多种应用场景中,挖掘出更多的潜力市场,实现发展的多元化,也是智能商业时代人们必须要顺应的一种趋势。

如何有效地进行数据挖掘

利用数据挖掘技术,找出不相关事物之间的联系,进而根据这种联系有效地改进自己的商业策略,快速占据市场优势,就能在这个智能商业时代赢得更多的先机。

数据挖掘技术,在实际的应用中有多种算法。一般来讲,比较常用的有10种,我们来一一熟悉一下。

1. C4.5

C4.5算法是机器学习算法中的一类,乃是决策树算法,其基本形状就好像一棵倒长的树,由根、枝、叶三部分组成。其中,根是学习的事例集,枝是分类的判定标准,叶是分好的各个类别,每一个分支都是一条规则。比如在一个天气系统的数据集中(根),可以按阴、雨、晴等类别来分类(枝),再从阴、雨、晴中来判定其他的标准(叶)。在进行C4.5算法时,我们应该明白两个问题:选择什么属性来进行分类,在什么情况下让这棵树停止生长。

和其他的算法相比,C4.5算法具有以下优点:所形成的分类规则更加易于理解,准确率也更高。缺点就是在构造决策树的时候,需要对数据进行多次的扫描与排序,这就会导致算法效率的低下。

2. The K-Means Algorithm(K-Means)算法

该算法主要用来计算数据聚集,也就是在大量的数据中,先确定我们需要的"种子点",也即你期望要找到的某种类型的数据,比如"业界一流",然后通过计算的方式,把接近于"种子点"(业界一流)的类似数据集聚在一起,形成围绕种子点的一个个点群。

3. Support Vector Machine(支持向量机)

Support Vector Machine,简称为SV机,这是一种监督式的学习方法。"机"表示"算法",支持向量就是数据集中的某些点。其原理是在多维空间中找到一个超平面,然后将空间上的点分类找出最合理的范围。比如一个农场主养了一群羊,但要防止狼群袭击,就需要搭建篱笆把羊圈起来,所以可以依据羊群和狼群的位置建立一个"分类器",并最终确立篱笆的位置。

4. The Apriori Algorithm(关联规则)

这种算法是在数据挖掘常用算法中比较有影响力的一种。算法的核心就是在大量的数据中,找出项与项之间的关系,发现它们关联度的高低。比如上面例子中沃尔玛超市啤酒和尿布的关联。

5. EM算法(最大期望值算法)

在统计学中,最大期望值算法就是在概率模型中找到最接近最大参数的估计算法。例如你观察到一件多人交叉发生、理不清头绪的事情,就通过假设把可能的情况都列出来,假设这些情况都成立。然后反思,更新你的假设,让你观察到的事情更有可能性,然后再猜,再反思,最后得到能够合理解释观察到的事情的假设。

6. PageRank

该算法是谷歌算法的一个重要内容。其发明人是谷歌创始人之一的拉里·佩奇(Lany Page),因此,该算法是以佩奇的名字命名的。

该算法主要是根据网站外部链接与内部链接的数量、质量来衡量某个网站的价值。PageRank 背后的含义就是每一个到达页面的链接都是对该网页的一次投票,页面被链接得越多,也就意味着该网页被其他网站投票越多。

也因此,该算法被称为"链接流行度",主要是衡量会有多少人愿意将他们的网站与你的网站进行互链。

7. AdaBoost

该算法核心的思想就是针对同一个训练集,训练出不同的分类器(最初可能只是弱分类器),然后将这些弱分类器进行集合,最终构成一个更为强大的强分类器。就好像我们说的"三个臭皮匠,赛过诸葛亮",臭皮匠就好比是一个弱分类器,诸葛亮就是一个强分类器。

8. KNN:K-Nearest Neighbor Classification

这种算法被称为最邻近分类算法,是最简单的机器学习算法之一,也是理论上比较成熟的算法。它可以看成,有一些数据你已经分好类,然后突然来了一个新数据,你就需要求出与原有数据里的点的距离,挑出离新数据最近的几个点属于什么类型,然后用少数服从多数的原则,把新数据归类。

9. Naive Bayes

该算法是应用最广泛的算法之一,被称为朴素贝叶斯模型。该模型最早发源于古典数学理论,依托坚实的数学基础与稳定的分类效率,广受人们的欢迎。

该模型所需估计的参数与其他数据挖掘算法相比要少很多,对所缺失的数据也不太敏感,相对来说,算法简单很多。它的算法就好像要检测一个社区里的不真实账号,可以先把账号分成真实账号和不真实账号两类,再通过注册天数、日志数量、好友数量等关系来对这些账号进行分类判断,最后得出较为实际的数据。

虽然该模型从理论上说比其他算法误差率要小,但是实际情况却不是这样,这是因为该模型往往会假设属性之间相互独立,可实际上这个假设绝大多数时候并不成立。这就给该模型的正确分类带来了不小的影响。在属性较多或者属性之间的关联性较大的时候,该模型的分类效率就远远赶不上决策树模型算法。但是,在属性关联性较小的时候,该模型的性能则是最好的。

10. CART:分类与回归树模型

CART 是 Classification and Regression Trees 的缩写。当数据集的因变量是连续型数值的时候,这个树算法就是一个回归树;当数据集的因变量是离散型数值的时候,这个树算法就是个分类树。

以上就是数据挖掘最常用的 10 种算法。根据自身所在领域的不同,以及数据的特殊性,我们可以选择不同的算法,发现规律,让规律为自身服务。

用数据更好地服务客户

无论你的身份是什么,只要处在市场大环境之中,就需要去了解客户的需求。然而,用户性格各异,需求各异,想要精准地抓住用户的需求,我们需要怎么做呢？或者说,我们该如何去挖掘隐藏在客户心中的隐秘需求呢？

在数据挖掘领域常常有这样两种方式:定性研究和定量分析。

通过对定性信息的分析,你会知道某个现象为什么会发生。定性的信息灵活、快速、细节丰富,但是缺乏一定的普遍性。而且定性分析只能够听到少部分用户的声音,这少部分用户是否能够代表绝大多数用户,则无法进行直接的判断。

当然,还有一种方法就是借助数据来说话,也就是定量分析。定量的信息会告诉你在某个时间段内发生了什么,相比于定性的研究,定量的分析更加真实准确。

换句话说,借助定量的信息分析,可以让我们更加准确地了解到用户的喜好,进而提升客户的满意度,保证自己的产品或者服务能够满足客户的需求。

那么,在实际操作过程中,我们如何借助"数据分析"来作用于"用户研究"呢？

首先,了解用户的概况。

通过对目标用户进行"人口统计",记录下目标人口的基本信息,比如性别比例、年龄构成等,从而对目标客户的背景情况进行一个大致的了解。

其次,对用户群体进行划分。

根据不同的分析维度,发现用户的不同特征,将那些具备相同特征的用户进行归类,形成准确有效的用户分组。这样可以为今后进一步展开用户分析工作奠定基础,也为产品的优化设计找出明确的用户群体方向。

最后,分析用户的喜好。

以调研的产品为中心,根据多种维度统计出用户消费的频次、含量占比,进而挖掘出潜在目标用户的喜好。根据用户的喜好,改进产品的设计,让产品设计能够更加迎合用户的需求,更加有的放矢。在调查产品使用情况过程中,我们可以按照产品的使用地点进行排行,挖掘出用户对地点的偏好;还可以根据产品的分类排行,进一步挖掘用户对产品分类的偏好。

掌握了这些数据信息,商家就能够有效地对自身的产品进行改进,更好地服务目标客户。比如,某公司的手机品牌在进入市场之前,就对市场上的手机用户进行过调研。他们从最热门机型、最热门操作系统、最热门分辨率、最热门运营商以及最活跃省份等几个方面,全方位地调查了当下手机用户的使用习惯等信息。然后,他们发现了这样一个规律,当国产手机的质量问题得到解决之后,相对较低的价格以及优质的体验功能成为用户最看重的部分。换句话说,性价比是手机用户在进行购买行为的时候最常考虑的一个要素。当然,还有一些高端手机用户会因为功能驱动产生更换手机的需求,中低端的手机用户也会因为款式或者价格产生消费行为。这就需要生产者对用户的消费行为进行区别对待,找准自己的目标用户,满足不同层次用户的消费需求,这样才能激起用户再次购买的欲望。

当然,在大数据时代,对用户进行研究分析,离不开数据。因此,我们在对用户进行调研的时候,还可以采取数据分析法。

这个方法,需要经过这样几个步骤:第一,对手机用户的数据制定编码,并进行分类;第二,数据分析,提取用户特征;第三,确定产品优化方向。

接下来,我们逐步对这几个步骤进行分析。

第一,制定编码并分类。

提取近几周到近几个月的数据,并且根据自己所要分析的产品目标确立编码规则,然后执行编码,直到不再产生新的编码即可停止。原则上,只要对后续的数据分析有作用,编码可以从任何一个维度进行。

第二,进行数据分析,提取用户特征。

对数据进行编码之后,就可以围绕"目标产品"用户特征这个核心,从各个维度进行数据分析。在分析出数据的结果之后,就可以有效地提取出"用户特征"。比如,某电商网站,在对目标用户进行数据分析的时候,是这样做的:列出企业产品目标用户的特点,包括用户的年龄、收入、办公地点、家庭人口、所在地理位置、工作性质以及消费类型等。将这些数据分门别类进行编号,就能够快速完成用户画像,网站也就能够从这些数据中快速找出自己最典型的客户,并且快速制定出最佳的销售策略。

假如目标用户是一个典型的中年白领,他虽然不是大老板,但是可能会有较好的经济基础。他可能会有自己独特的购物模式与思维模式。想要和这类人达成交易,所要采取的销售策略与对待那些刚刚大学毕业的年轻人是不一样的。企业进行数据分析的时候,就要根据自身特定的人群去定义。

第三,确定产品优化与改进的方向。

根据"用户特征"分析出用户的潜在需求之后,就可以根据自己的商业目标以及用户的体验达到双赢的目的,为产品优化找准方向。

在利用数据分析用户需求的时候,我们还可以借助图形工具,让分析结果变得更为直观,更加易于理解。常用的图形分析工具有柱状图和饼状图等。

根据数据的定性研究以及定量分析,我们就能够快速地发现规律,有效地改进产品的设计,让数据为商家的发展服务。

对竞争对手的市场渗透率进行分析

通过对竞争对手的数据进行分析,我们能够有效地总结出竞争对手的优势与长处,以及竞争对手的市场占有率,进而根据分析结果有效地改进自身的产品以及市场推进策略,达到快速占领市场的目的。

在这方面,百事可乐与可口可乐这对百年竞争对手,给大家举了很好的例证。

诞生于1898年的百事可乐,比可口可乐的诞生足足晚了12年。自从百事可乐诞生以来,就一直在挑战可口可乐的霸主地位。然而,不论是从市场渗透率还是品牌价值上来看,可口可乐都要远远超越百事可乐。

从百事可乐和可口可乐目前在中国的销售情况来看,这一现象更是不争的事实。

中国市场与媒体研究曾经对市场进行过持续的检测,结果发现,可口可乐凭借其"拉网式"的营销策略,在全国范围内层层布网,市场渗透率远远超过了百事可乐。

数据统计还发现,1999 年和 2000 年,在全国 20 多个城市中,可口可乐的市场渗透率分别为 83.9% 和 85%。而百事可乐的数据,则为 65.5% 和 67.9%。

虽然在市场渗透率上,可口可乐的渗透率较高,可是百事可乐的市场渗透率增长则略微高于可口可乐。在进入中国市场的这些年,这种趋势还一直被保持着。

百事可乐就像是一匹新生代的野马,在市场上冲锋陷阵。一方面百事可乐开始展露出新锐锋芒,另一方面可口可乐则渐渐呈现出一种日薄西山的颓势。

当然,从市场渗透率的数据上分析,百事可乐的市场渗透之路呈现出两极分化的趋势。在有些城市,市场渗透率要远远高于可口可乐,而在有些城市,市场渗透率还不足可口可乐的 50%。

而这种结果,却是百事可乐所乐于见到的。对百事可乐来说,可口可乐市场渗透率低的城市,是其"漫天撒网"战略的薄弱环节,百事可乐只要集中优势兵力就可以攻破,抢占可口可乐在该城市的霸主地位。相反,在可口可乐市场渗透率高的城市,则是其市场销售的重点区域,百事可乐想要占有就不是一件简单的事情。

比如,百事可乐就曾经抓住这一规律,在校园、娱乐场所以及一些旅游景点下大力气进行宣传,通过"精耕细作"以及渠道深挖,成功在上海、成都、广州、重庆、武汉、哈尔滨以及深圳等城市获得了较高的市场占有率,取得了"两乐"之争的胜利。甚至在北京,可口可乐与百事可乐的拉锯战也在渐渐发生变化,胜利的天平似乎也在慢慢朝着百事可乐倾斜。

在百事可乐和可口可乐拉锯战的百年时光里,两者在中国市场上的地位也在发生着翻天覆地的变化。

早些时候你到餐馆用餐,当你点了可乐时,服务生拿给你的一般会是"可口可乐";而现今当你在餐馆用餐,点可乐类饮料的时候,服务员拿给你的可能是百事可乐。假如你责怪服务员没有拿给你可口可乐,对方可能还会嗔怪你自己没有说清楚。

种种迹象已经表明,可口可乐的霸主地位正在遭受着前所未有的挑战,可乐市场的局势也在悄然发生着改变。

可口可乐与百事可乐的相爱相杀,其实在某种程度上也反映出大数据营销的一种智慧。从营销策略上看,百事可乐的差异化传播方式,也是其能够在"两乐"之争中,渐渐夺得一席之地的关键要素。

我们不妨看一看,百事可乐占领哈尔滨市场的过程。

哈尔滨市场一直是饮料在北方市场的必争之地,而可口可乐自从建厂以来,在哈尔滨市场一直都占据着霸主的位置。市场份额最高的时候,曾经占据了整个碳酸饮料市场70%的份额。然而,百事可乐公司成立,并在长春建厂之后,就向可口可乐发起了全面的挑战。在多年的市场运作过程中,销量更是逐年递增。哈尔滨市场由此被百事可乐总公司誉为"增速最快的市场"。

在哈尔滨的各大广场以及繁华的街道上,随处都可以看到蓝色的百事可乐广告所营造出来的蓝色海洋以及浓烈的新生代氛围。叛逆的一代,也更加喜欢百事可乐所渲染出来的这种浪漫情调。

"祝你百事可乐"成为年轻人节日或者生日最常用的祝福。

百事可乐在与可口可乐的竞争过程中逐渐赢得一席之地,所凭借的就是对竞争对手的市场渗透进行了大量的分析。在可口可乐渗透不到的市场中,百事可乐加大了渗透力度,优化管理渠道,最终在碳酸饮料市场取得与可口可乐平分秋色的战绩。

对产品功能用法进行分析

顾客产生购买行为,其实就是为了购买产品的功能。而产品恰恰就是功能的载体,是功能得以实现的方式。

通过对产品功能用法进行分析,就能够有效发现消费者的需求,并针对消费者的需求,不断地改进自己的产品。

一、产品功能的定义与目的

产品功能定义,就是把用户所要求的功能进行抽象的描述。通过对产品功能进行定义,可以达到如下目的:

(1)明确现有产品目前所具有的功能,对现有产品的本质进行认识。功能定义最基本的目的,其实就是对产品的本质剥丝抽茧。

(2)更加明确用户的需求。用户的需求是评价产品好坏的重要依据,也是价值分析活动最基本的特征。对产品功能进行分析,才能快速把以事物为中心的研究转换到以功能为中心的研究中来。

(3)对产品功能进行定义,可以更加方便地确定产品的功能结构。

(4)对产品功能定义之后,便于用户对功能做出评价。

(5)为改进提供了方向,为创新开阔了思路。

从这个意义上说,给产品的功能下定义,其实就是对用户的需求进行分析。

严格说来,对产品功能进行定义包括如下两个方面:事物的整体与事物的各个部分。对应到产品上则是:产品的整体＋产品的零部件。

换句话说,当我们给产品的功能进行定义的时候,既需要给产品的整体功能下定义,又需要为产品的各个组成部分下定义。

二、对产品功能定义的步骤与方法

如何为产品进行功能定义呢?对产品进行功能定义有没有一定的方法

与技巧？我们可以参照如下的步骤和方法。

1. 功能定义步骤

对产品功能下定义，一般需要遵守从主到次、从大到小的顺序。

（1）弄清楚生产产品的目的，是准确定义产品功能的前提。

（2）对产品或者对象的整体功能进行确认。比如，电熨斗的整体功能是为衣物定型，而电熨斗的基本功能则是提供热平面。电烤箱的基本功能是烤制食物，电热器的基本功能是产生热量。

（3）在产品总体功能定义完毕的基础上，自上而下对产品的各个要素进行逐级定义，明确其功能。

（4）找出那些既不属于产品整体功能又不属于产品各个组成部分的功能。（这些功能可能会受使用条件、使用时间、使用环境的限制和规定。）

2. 功能定义的方法

怎么对功能进行定义这是一门学问。原则上，在对产品功能进行定义的时候，是用动词＋名词的形式来表达的。也就是说，产品的功能可以用动词＋名词的动宾结构来进行描述。如下面这些动词、名词，就经常出现在产品功能的描述中，如表 2－1 所示。

表 2－1　出现在产品功能描述中的一些名词、动词

动词	名词	动词	名词	动词	名词
提供	美观	盛入	燃料	传递	能量
	电力	支撑	油品	阻隔	热量
供给	能量	控制	水		燃烧
	把握	保持	重量		震动
允许	进入		压力	防止	泄漏
	控制		转动	接收	信号
	连接		运动	隔绝	尘土
	制动		动力	连接	电路
	旋转	传递	电流	吸收	热量
	运动		热量	改善	外观

顾客购买产品,是想要购买产品的功能,所以分析出产品的功能,就能有效地发现用户的购买需求,针对顾客的购买需求研发设计出顾客喜欢的产品。

三、需注意的问题

因此,在进行产品功能定义的时候,我们还需要注意这样一些问题。

(1)进行功能定义时应严谨使用动名词,使得功能的内涵与属性更加明确。举个例子,自行车尾灯功能可以这样描述:改善安全、提请注意、显示车尾,三种描述虽然都是为了说明该自行车可以在夜间行驶,但是这三种描述所起到的定义效果显然是不同的。

(2)功能尽可能抽象化。这就是说要将功能定义中的动词部分尽量提取出来,以便于集中创造出更加富有创意的方案。抽象化的目的,就是要避开功能定义对现行方案的制约与限制。

(3)对产品功能进行定量化分析。所谓功能定量化,形象地说就是功能的具体化。比如,保温杯的功能是"保持温度"。"温度"这个词语就不是对产品功能的量化。反之,如果我们这样定义:"一昼夜水温仍旧能够保持在80℃",这就是定量化分析。很显然,定量化分析让人们对产品功能的认识更加直观、鲜明。

对产品功能用法的分析,就能够让企业更加精准地锁定用户的需求与市场的方向,进而创造出符合市场需求与用户需要的产品,从而在这个快速发展的智能化时代,赢得自己的一席之地。

对未来方向的预测进行分析

根据所统计的数据,我们能够有效地对未来的发展方向进行预测与分析。

就以智能家居行业为例,伴随着越来越多的消费者有智能化的消费诉求,智能家居行业渐渐兴起,并且渐渐开创出了一片不小的市场。而促使商家朝着智能家居方向发展的就是强大的数据支撑与技术手段的改进。

回顾智能终端的发展史,从世界上第一台大型计算机问世到现在,智能终端产品的形态也从 20 世纪 60 年代的大型计算机渐渐演变为如今的移动智能设备。

每一次智能终端的升级都得益于计算机技术的进步。智能终端渐渐从一种稀有品走进了千家万户,所惠及的用户数量也在逐年上涨。同时,其产生的数据也借助智能设备而得以保存和汇聚,智能化也由此进一步加快了其"攻城略地"的速度。

通过数据分析,人们能够更精准地分析出泛智能化时代消费者的诉求在哪里,产品的改进方向在哪里。

还是以智能家居为例。伴随着现有的智能终端的普及,在需求端,消费者在更多、更细化的消费场景中对智能终端的应用需求逐渐增强;在供给端,伴随着计算机处理技术水平越来越高,通信技术越来越发达,传感技术的精确度不断提高,在未来,越来越多的硬件产品将会实现智能化。

根据市场反馈的数据,我们可以更加了解消费者的诉求,探寻出未来智能生活的主要分类场景。目前来看,消费者比较认可的分类场景有两类。

第一,是以家为中心的应用场景。

通过安装智能终端,消费者能够更加便捷地控制家中的各种智能电子设备。家庭中的各种智能终端设备也能够被顺利地进行无缝连接、信息共享,甚至完全智能化地完成主人设定的任务。比如,智能灯光控制、智能温度控制、智能能源管理、智能环境监测、智能清扫、智能娱乐等。

家庭智能设备与外界进行交互并得出反馈。比如,家电监测设备可以自动发出购物、安全性能管理、健康娱乐需求等方面的指令,与智能的社区进行完美交互。这样的交互与反馈,就能够极大地提升家居生活的舒适性,增强人们生活的便利性与安全性。

我们经常提到的智能家居,一般由智慧家庭与智慧社区两个方面组成。智慧家庭主要以住宅为背景,借助通信、安防、控制技术等,将居家环境与相关的设施连接到一起,构建出一个高效舒适的家庭日常事务信息管理系统。

智慧社区的级别要高于智慧家庭,智能应用的范围也从单个住宅扩展至整个社区。智慧社区除了具备智慧家庭的基本系统外,还包括安防系统以及社区智能管理系统。

在一些电影节目中,我们经常会看到一些智能化的场景。比如说,在业主的车子快进社区的时候,安防系统就会收到反馈,进而为业主打开大门;而当有外来人闯入的时候,安防系统就会第一时间发出警报。

智能家居系统作为未来产业第一个发展方向,被越来越多的人所重视。目前来看,在智能家居行业中,已经衍生了如表2-2所示的功能。

表2-2 智能家居行业的功能

控制主机	智能照明	电器控制	背景音乐
对讲系统	视频监控	防盗报警	电锁门禁
暖通空调系统	太阳能与节电设备	自动抄表	智能家居软件
家庭网络	厨卫电视系统	运动与监控监测	花草自动浇灌
家庭影院	智能遮阳	家居布线	宠物照看

第二,出门在外的应用场景。

在该场景中,消费者通过一款或者多款智能终端,就能够有效地采集到个人与周围环境的信息,并且借助这些信息与周围的各类场景发生交互,极大地提升了人们生活的便捷性、舒适性与娱乐性。这些智能终端大多由智能手机与智能可穿戴设备组成。这些在外的应用场景,包含与智能汽车交互的驾驶场景、与智能建筑交互的室内场景以及与智慧城市交互的室外场景。

伴随着智能家居与智能生活渐渐成为生活的一种潮流,可穿戴设备渐渐盛行起来。可穿戴设备能够让人们快速地获取想要的信息,有持续的输入与存储能力以及通信能力,这都是年轻一代所追求和崇尚的功能。伴随着可穿戴设备市场渐渐火热,各种可穿戴设备也是如雨后春笋般涌现,市场上可见的可穿戴设备有手表、眼镜、手环、手腕电脑、耳机等。可穿戴设备与传统的智能终端有所不同,它与人体相连,能够以秒为单位占据人们更多的使用时间,使用黏性更强,其未来的发展前景也更加不容小觑。

所以,在未来,智能产品的形态、生态系统以及商业模式都会存在非常大的想象空间。而这些预测全部来自于人们使用智能设备与消费智能产品所产生的数据。

2.2 为管理决策提供依据的"数据仓库"

什么是数据仓库(Data Warehouse，DW)？它其实就是企业管理与决策中面向主题的、集成的、与时间相关的且不可修改的数据集合。数据仓库不同于数据库，数据库是用以捕获数据的，数据可以随时进入，而数据仓库则是用以分析数据的，数据已经封存。数据仓库是在数据库已经大量存在的情况下，为进一步挖掘数据资源，为决策需要而产生的；它不是"大型数据库"，而是"数据的仓库"。

数据仓库在智能商业中的应用

数据仓库中的数据是稳定的历史数据，相对集中，不可修改，反映着某一特定数据在特定历史时期的变化，它已成为很多行业在进行历史决策时必然会使用到的一个有效工具。很多企业在遇到行业发展难题或者是企业自身瓶颈的时候，就会想到使用数据仓库。企业可以利用数据仓库的数据存储、统计与分析功能渡过难关，比如烟草行业。

烟草行业和其他行业有所不同，由于行业的特殊性，在我国发展烟草行业需要遵守我国的烟草专卖制度。在整个管理体制中，烟草销售所体现的是"垂直管理、专营专卖"制度。

多年以来受到计划经济、专卖体制的影响,烟草行业信息化程度不高,在生产与销售过程中总面临着这样的问题:

☆ 销售信息反馈比较慢,信息失真情况较严重。

☆ 经常超产,限产压库难度很大,这就造成了商业环节中卷烟库存量的大幅增加,增强了销售的难度。企业在市场竞争中也就很难取得资源的优化配置,很难达到优胜劣汰的效果。

☆ 烟草专卖局对烟草的销售调控能力需要进一步加强,同时也需要更加精准地把握市场变化的规律。

当然,随着国外卷烟进入中国内地市场,烟草行业的竞争也变得更加激烈。在这种情形之下,更新观念,适应市场形势的变化,就成了行业发展的必由之路。

不可否认,大多数烟草企业在发展过程中都为自己的信息化建设积累了一定的数据基础,但是,在智能商业时代,这些数据勉强也只能够达到数据处理的初级水平。因为,当前许多信息系统对数据的处理往往仅限于数据统计,真正涉及预测、分析、决策以及优化等方面的工作非常少。这样简单的数据统计,其实仅仅只是代替了一部分比较繁重的人工劳动,并没有将信息的价值充分地发挥出来。

在智能商业时代,想要保持住企业自身的竞争优势,就需要依赖强大的数据分析能力。而当前的情况是,很多烟草公司的数据分析能力不能与企业的经济活动分析以及经营决策需要相匹配。也因此,大量的数据资源没有得到充分的利用。数据丰富而信息贫乏,成为该行业的一个普遍现象。这也严重地影响了这些企业经济活动分析的效果以及企业决策的正确性。

如何快速地提升数据分析的能力,为企业的经营决策提供更加强有力的支撑呢?

这就需要建立"数据仓库",并在这个"数据仓库"里构筑好一个智能商务系统,并对这些数据进行综合的利用与管理,让这些数据活起来。

通过数据仓库,将客户、业务各方面的信息综合起来,再运用数据挖掘技术,找到有效的市场数据,并通过这些数据指导之后的市场决策及管理决策,这样企业才能真正做到在实际市场信息下的开发和生产,投放的产品当然也就会更加接地气。

在数据仓库中,数据会被按照统一的格式存放,就像图书馆中的图书编码一样,人们可以很方便地通过编码查询取阅。当用户与数据仓库联机以后,人们也可以很方便地查询到自己想要的数据。

对于任何一个企业来说,数据仓库这个数据源,都可以为其提供更为全面的数据资源。同时,数据仓库也真的是一个巨大的"仓库",可以为企业提供各方面的数据资源。

可见,搭建数据仓库,对企业来说意义重大。具体的好处,我们还是通过烟草行业来阐述。

虽然不同类型的烟草企业都会有其各自的特色,且其业务的关注点会有所不同。但是,对客户组成、客户行为、客户忠诚度以及销售行为这几个方面的关注度却是一致的。所以,围绕着客户、销售、生产、库存这些基本所有烟草企业都会关心的问题,企业就可以组建数据库,对这些数据进行详细分析,并通过这些数据之间的关联,归纳出主题。此外,企业还可以根据自身的业务需求,来灵活地设定财务、人事、订单、服务等其他的主题,并对其相关数据进行相应的研究分析。

其中,客户主题对应客户关系管理与分析。这也是企业分析中相对重要的主题。

销售主题对应的则是促销方式、市场上的卷烟品牌、时间等多个维度对客户购买行为所产生的影响要素分析。该主题是影响决策的一个重要方面。

库存主题对应的是周期库存,库存上、下限的合理性分析。这部分主题将直接影响企业的管理效率,是加强管理、降低生产成本的重要组成部分。

生产主题对应的是卷烟生产厂每一个卷烟品牌的生产分析。

根据数据仓库的数据分析出相应的主题,再根据相应的主题,对自身做出相应的调整,就能够很好地适应市场变化,迎合消费者需求,用数据为企业的发展服务。

设计数据仓库,让数据仓库为我所用

数据仓库是一个新出现的概念,我们有必要对它的特点进行一个简单的分析,使它能更好地为我们服务。

一、数据仓库的特点

一般来讲,数据仓库有以下几个特点。

(1)面向主题。数据仓库里的数据,一般都是按照相关主题进行区分的。比如像上一节介绍的客户主题、销售主题、库存主题、生产主题,不同的主题都会有相应的数据。

(2)集成的。数据仓库是对原有大量数据进行抽取整理之后建立起来的。形象地说,它不是一个堆满了各种东西的混乱仓库,而是去除了其中的不一致性,对这个仓库的东西进行整理,只将其中对我们有用的东西抽取整合出来,为的是保证数据仓库内的信息都是关于企业内部的、全局性的信息。

(3)相对稳定的。数据仓库中的信息主要是为企业管理者提供决策分析所用,企业会经常对其中的数据进行查询。一旦某方面的数据进入了数据仓库,就会被长期保留。因此数据仓库中的数据,相对来说是比较稳定的。

(4)反映历史变化。数据仓库中的信息,通常是企业的历史信息,包括企业从过去某一个时间点至今各个阶段的信息。通过对这些信息进行分析,就能够对企业的发展历程以及未来发展方向做出定量的分析与精准的预测。

简单来说,数据仓库其实就是一个统计和分析数据的过程,而不是一个项目。数据仓库系统就好像是一个信息的提供平台，能为企业提供各种有效的数据。

二、数据仓库的组成部分

从功能结构上划分，数据仓库系统又包括了这样几个关键的组成部分：数据获取、数据存储和数据。

一个企业要设计一个实用的数据仓库时，首先要与业务部门充分交流，了解建立数据仓库所要解决的真正问题，确定数据仓库需要实现的业务功能，然后是选择合适的软件工具，如数据库、建模工具、分析工具等，对各个部门的数据进行整合统一，并在此基础上对数据进行整理和分析。

这是一个复杂的过程，很多企业都没有足够的经验，也没有足够的资源。在这里，我们为大家提供一个风险较低、较为专业的设计方案，供各企业进行参考。

我们在了解了业务部门的需求以后，将数据仓库的开发分为两个阶段进行。

第一阶段：数据查询。在这个阶段有很多应用模式，其中主要是对数据进行处理，如动、静态报表等。

第二阶段：数据挖掘。在这一阶段，需要进一步完善数据仓库，并对数据进行详细的分析。

通过分阶段实施，就可以使数据仓库在开发的过程中显示出成效，从而有效降低项目决策者的顾虑，为决策者不断检测和完善数据仓库系统提供依据。

在实际的商业活动中，设计出一个好的数据仓库，将会起到意想不到的效果。

在国内金融界就有这么一个较早使用数据仓库应用解决方案的单位，这就是中国银行广东省分行。早在 1996 年投入使用的省市两级金融治理信息系统(FMIS)中,中国银行广东省分行就因首次采用并成功实施了先进的数据仓库/联机分析处理(Online Analytical Processing,OLAP)技术获得了"八五"国家科技攻关重大成果奖。为此,中国银行广东省分行还成为被数据仓库应用领域反复引用的典型成功案例。

在随后的许多年中,中国银行广东省分行还在决策支持/数据仓库应用与研发方面投入了不小的力度,陆续推出了不少新的应用。

这些应用领域涵盖了财务治理、资产负债指标监控等方面的分析主题,也包含了客户消费行为分析、个人信用评估、授信风险监控以及客户关系治理等更加符合市场发展趋势与个性化营销的分析主题。

与此同时,该银行还与广东华际友天信息科技有限公司合作,共同构建了信用卡分析系统。该系统采用了 Hyperion 和 IBM 这两种在业界领先的数据仓库技术以及工具,是针对信用卡业务较为领先的商业智能应用。

通过该系统,与信用卡业务有关的各级治理人员、统计分析人员、风险监控人员等都能够获得实时有效的数据分析与决策依据。这就使得这些人员能够便捷地获得客户数据,并分析出客户的特征信息、各交易要素信息与市场统计信息,从而很好地达到控制风险、评估绩效、支持成本收益以及客户治理与营销决策的目的。

从中国银行广东省分行数据库应用的成功案例中我们不难发现,学会建立数据仓库,让数据仓库为我所用,便有助于我们在这个智能商业时代一展身手,成功在市场上分一杯羹。

数据仓库的数据组织形式

一般来讲,我们在对初始的数据进行抽取整理之后,会得到一个早期级别形式的数据,然后再根据具体的需要对这些数据做进一步的分析整合,就会得到级别更高的数据。

数据仓库中一般用"粒度"来称呼数据的级别。粒度越低,数据的细化程度就会越高。

相对来讲,在数据仓库中,最重要的组织和管理结构概念是粒度与分割。

什么是粒度与分割?了解了这方面的知识,就能做到对数据仓库的组织形式心中有数,以便更好地为我们的商业活动服务。

第一,粒度。

粒度是数据仓库最重要的一个概念。在数据仓库中,粒度有两种表现形式:一种粒度就是对数据细化程度的高低进行考量,它能影响数据仓库中的数据量,也能影响数据仓库中所能回答询问的种类。在数据仓库中,这种粒度是必不可少的。毕竟数据仓库是用来分析数据的,不对数据进行细化,数据就毫无意义。另一种粒度是样本数据库。这是对数据采样时,设定采样率后从数据库中抽取数据集的形式。

第二,分割。

除了粒度以外,数据仓库中还有一个重要的组织和结构概念,那就是分割。分割的目的是为了让查询更加方便。其实分割很好理解,就是将数据分散到不同的属性中去。比如,是根据日期划分,还是根据地域划分等。一般来说,不管根据哪个标准来划分,最好都要包含日期项,这样才能保证数据分析的精准性。

粒度与分割是数据库中最常被使用到的概念。而在数据仓库的数据组织与管理方面,则有这样几种常见的数据组织形式。

1. 简单堆积文件。这种数据组织形式,主要是将数据库中每日被提取出来的数据进行简单加工并存储。

2. 轮转综合文件。在这类数据组织形式中,数据存储的单位被划分为日、周、月和年等级别。在每一周的 7 天中,数据会被记录在每天的数据集中。然后7天的数据又会被综合记录在周数据集中。以此类推,再被综合记录在月、年的数据集中,不断往复和总结。

3. 简化直接文件。这类数据组织形式与简单堆积文件类似,不过,它是每隔一段时间才会产生数据库视图。比如说,每隔一个星期或者每隔一个月。

4. 连续文件。这类数据组织往往是由两个连续的简化直接文件组成的。通过对两个简化直接文件分析比较,总结分析出两个文件的不同,就可以生成另外一种连续的文件。当然,通过对连续文件与新的简化直接文件的分析比较,也可以快速生成新的连续文件。

虽然数据组织的形式分类不同,但是,在最终实现的时候,还是要依靠关系数据中的"表格"。这种最基本的结构能够让数据库看起来更加清晰、有条理,易于被查询和使用。

2.3　更为智能的联机分析处理

随着数据库技术的不断发展,各种形式的数据越来越多,人们的查询需求也越来越复杂。当人们需要对多张表中的海量信息进行综合分析,传统的关系型数据库系统(联机事务处理)不能满足这一要求时,便出现了联机分析处理技术,它可以根据分析人员的要求,快速、灵活地查询数据,并且用直观易懂的方式将数据结果呈现给查询人员。

在大数据技术中,联机分析处理占据着非常重要的地位。而且,在商业活动中,它也为商家的决策与发展做出了不小的贡献。接下来,我们将通过联机分析处理技术在智能商业中的应用,系统地对联机分析处理技术的实施方法以及模型设计做一个说明。

联机分析处理在实现智能商业过程中的实施方法

说起联机分析处理技术在智能商业中的应用,就不得不提及智能商业出现的背景。从办公自动化开始出现的早期,商务活动在进行过程中就会产生大量的数据。这些数据包括销售、成本、质量控制、客户服务以及库存等方面的信息,分别被存储于数据库、数据集市、数据仓库、多维数据库以及第三方的应用中。

也因此,对大多数企业来说,在朝商业智能化转变的过程中,存在的问题不是数据缺乏,而是大量的数据冗余与数据不一致。

在信息化时代,每时每刻都在产生着海量的数据,这就使得大部分企业在运用数据或者是进行数据管理的时候,出现了数据拥挤的现象。这种现象既不利于企业的管理,也不利于信息的充分挖掘与利用。正因为如此,如何高效地解决数据拥挤的问题,使得这些数据能够充分地发挥自己的作用,已经成为当前商务发展的一个重点话题。

一、运用联机分析处理时需要明确的观点

这就需要联机分析处理来对数据进行更精准的整合。在充分运用联机分析处理数据,完成企业向商业智能化转型的过程中,需要明确这样几个观点。

第一,数据＝资产。

当企业能够充分意识到数据价值的时候,就已经向着智能化迈出了一大步。当前看来,"数据＝资产"的观念正在影响着越来越多的企业,把数据转换为资产的方法也逐渐成为企业投资的重点。

从目前的情形来看,大部分大众规模的企业所储存的信息都比较丰富,而这些信息丰富的企业的绩效提高却不能仅仅依赖于产品、服务以及地点等因素,而是要着重依靠知识。从数据到信息再到知识的转化过程,其实并不简单。

商业智能的本质其实就是把数据顺利地转化为知识,通过对知识的充分挖掘与使用,让那些分散的数据为企业带来可观的经济效益,从而有效地减少不确定性因素对企业的影响,使得企业在市场竞争中能够取得更大的优势。

第二,企业的运营模式正在发生变化。

当电子商务这种全新的商务模式席卷全球的时候,信息在经济活动中的重要性变得越来越突出。对企业而言,这些信息包括了生产、销售、市场、

顾客与竞争对手的信息。在商业智能时代,信息与数据已经变成了重要的战略性资源。

而依托互联网生存的电子商务,涉及电子邮件、电子数据交换、电子支付系统等方方面面。这些方面,每时每刻都会产生大量的数据,这也为商业智能系统的进一步发展提供了全新的市场与生存环境。

第三,数据库与人工智能技术取得了飞速发展。

商业智能的发展很大程度上得益于信息技术的发展,比如信息的并行处理系统、廉价数据存储、新的数据挖掘与算法、人工智能技术、决策支持技术与神经网络技术。通过对这些技术的利用以及数据的挖掘,企业就能够用更低的成本投入商业智能的大潮,并且在智能化的大潮中,获得更加丰厚的回报。

我国商业智能化的发展以及商业智能技术的兴起,是伴随着商业智能应用的不断涌现而不断发展起来的。最初商业智能的实现领域只限于银行、电信等大型的企业,后来,我国开始出现了专门的商业智能研究机构。

二、联机分析处理技术的特点

商业智能分析数据的方法有很多,最常见的就是联机分析处理技术。联机分析处理技术,可以从不同的维度与角度对数据进行抽取并观察。比如,分析销售情况,就可以从产品、地域、时间这三个维度生成数据视图。人们由此对联机分析处理技术下了一个更加明确的定义——多维信息的快速分析。

联机分析处理技术主要有这样一些特点:

第一,快速性。

用户对联机分析处理的反应速度要求很高,要求系统能够在5秒内对用户所做出的大部分分析做出反应。

第二,可分析性。

联机分析处理系统需要具备强大的逻辑分析与统计分析能力,不需要用户编程就可以完成某些计算,并且将计算结果作为分析的一部分,再以用户理想的方式给出数据报告。

用户还可以在联机分析处理的平台上利用已有的数据分析工具对数据进行分析，也可以连接到外部其他的分析工具上。比如，常用的时间序列分析工具、成本分配工具、意外报警以及数据开采工具等。

第三，多维性。

联机分析处理系统的一个关键属性就是多维性。在进行联机分析处理的时候，系统必须要提供数据分析的多维视图，并对这些多维视图进行分析。分析包括对层次维与多重层次维的完全支持。实际上，多维分析也是当前商业环境中，分析企业数据最有效的方式，是联机分析处理的关键所在。

第四，信息性。

不管联机分析需要处理多少数据，也不管数据存储在哪里，联机分析处理系统都应该及时获得数据信息，并且能够管理大量的信息。这就需要考虑到许多因素，比如数据是否可复制，是否有可利用的磁盘空间，所分析产品的性能与数据仓库的结合库如何等。

了解了联机分析处理系统的这些特性，我们还需要从用户的思维模式进行分析，总结出分析处理的方法。

从当前各企业发展的情况来看，传统的关系型数据库技术已经越来越不能满足终端用户对数据库查询与分析的需要。一些简单的查询也已经渐渐无法满足用户的分析与决策需求。比如，用户的决策往往需要对关系数据库中的数据进行大量的分析与运算才能得到结果，而这个结果很有可能满足不了决策者的要求。也正因为如此，研究与发展联机分析处理技术才显得尤为重要。

联机分析处理的基本商业分析模型

在进行联机分析处理的过程中，有多种建模方法。其中最常见的有以下几种。

第一,星形连接。

星形连接是最简单的数据结构。在星形连接中,中心是一张事实列表,当所有的维表都连接到这个事实列表中时,看起来就好像星座一样,因此这种结构被称为"星形连接",如图 2-1 所示。

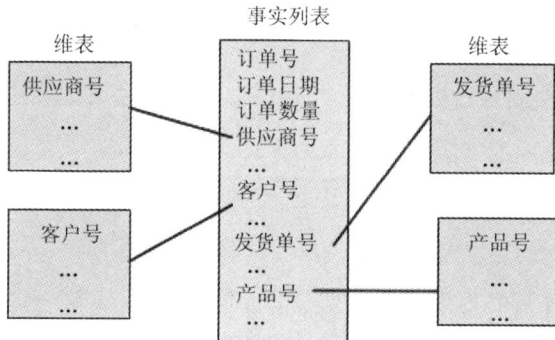

图 2-1 星形连接结构

星形连接结构具备如下优势。

首先,星形连接结构能够准确地反映出用户的想法,以及用户在进行分析的时候会用到什么数据,更加有利于人们从商业的角度思考问题。同其他分析系统相比,星型连接结构更加方便用户理解。

其次,星形连接结构以查询为中心,每个查询都能够使用一些参数过滤维度表,高速、并行、单独操作,查询更加便捷。

最后,连接路径简单,更加方便用户浏览数据库信息。

第二,事实表。

事实表中的事实是业务度量值的一种衡量标准,它通常也被看作一种星型连接结构集,也被称为事实星座。

事实表中需要存放大量的有关业务性能的度量值。比如,每种商品每天的销售数量以及销售数额等。此外,事实表的一行对应一个度量值,同时所有的度量值还必须具备相同的粒度。通常,事实表是行多列少,如表 2-3所示。

表 2 - 3 事实表

日销售情况事实表
日期关键字
产品关键字
商场关键字
销售量
销售额

第三,维度表。

维,一般是对分析角度的一种统称。比如,我们常说的"礼、义、廉、耻"就是"国之四维",是衡量一个国家精神文明程度的一个重要标准。四维不张,国乃灭亡。

维度表的制作过程,就是将那些富有意义的文字性描述放置在表格中,并且提供详细的业务用语属性,查询报表的来源。或者是描述事实表中的某个重要方面。通常情况下,维度表是列多行少,如表 2 - 4 所示。

表 2 - 4 产品维度表

产品维度表
产品关键字
产品描述
SKU 编号
商标描述
分类描述
部门描述
包装类型描述
包装尺寸
含脂量描述
食物类型描述
重量
重量单位
……
其他

第四,事实表与维度表结合。

顾名思义,就是事实表与维度表相结合,如图 2-2 所示。

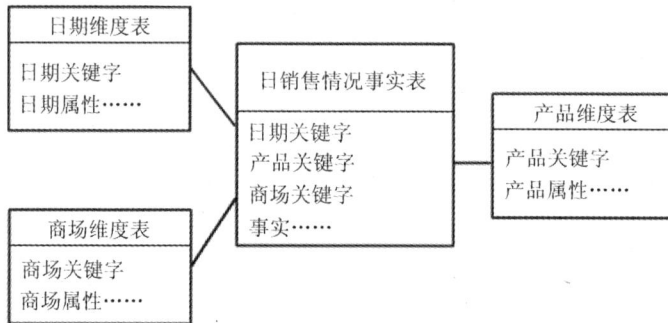

图 2-2 事实表与维度表结合

在实际操作过程中,根据数据分析的需要,选择不同的联机分析处理商业模型,能够更好地给决策者提供数据支撑与意见参考。

2.4　借助 ETL 处理技术把握时代发展趋势

ETL,英文全称为 Extract-Transform-Load,即抽取、转换、加载三个英文单词的缩写。它是构建数据仓库的重要一环,主要是将数据进行抽取、转换与加载的过程。如果说数据仓库的模型设计是一座大厦的设计蓝图,数据是砖和瓦的话,那 ETL 技术就是将这些砖和瓦建成大厦的过程。

数据抽取,就是从数据源系统中抽出数据仓库需要的数据。

数据转换,就是根据数据仓库要求的形式,将数据源中获取的数据进行转换。

数据加载,就是将转换之后的数据装入数据仓库。

其流程如图 2-3 所示。

图 2-3　ETL 处理流程

ETL 处理技术是大数据技术的核心部分之一,借助 ETL 的处理技术,能够更好地把握住时代发展的趋势,满足消费者日益变化的需求。

ETL 在实现智能商业过程中的步骤分析

ETL 数据处理技术是数据仓库获取高质量数据的关键一环,能够对分散在各个业务系统中的现有数据进行有效提取、转换和清洗,并完成加载。

通过 ETL 技术提取出的数据,将会成为商业智能系统非常需要的数据资源。对整个数据仓库的构建来说,ETL 是数据集成的第一步,也是构建数据仓库非常重要的环节。

接下来,我们就以某运维平台从各省获取的 RNC(无线网络控制器)基础工参数据为例,来说明一下 ETL 的主要步骤,如表 2-5 所示。

表 2-5　ETL 的主要步骤

A 省	B 省	C 省
省份	省份	Province_id
所属城市标识	城市标识	City_id
所属 OMC 标识	OMC 标识	Related_omc
所属 MSCServer 标识	MSCServer	Related_msc
厂商标识	厂商名称	Vendor_name
MGV 标识	MGV 标识	Related_mgv
所属 SGSN 标识	所属 SGSN 标识	
RNC 标识	RNC 标识	Rnc_id
RNC 编号	RNC 编号	Rnc_number
版本标识	版本标识	Version_id
Iu 接口 ATM 层配置带宽(Mbps)	Iu 接口 ATM 层配置带宽(Mbps)	Iucs_atmconfbandvidth(Mbps)
Iu 接口 IP 层配置带宽(Mbps)	Iu 接口 IP 层配置带宽(bps)	Iucs_ipconfbandvidth(Mbps)
载频数目	载波数	Freq_num

续　表

A 省	B 省	C 省
NodeB 数量		Nodeb_num
单载频 NodeB 数量		1CarrFred_nodeb_num
双载频 NodeB 数量		2CarrFred_nodeb_num
三载频 NodeB 数量		3CarrFred_nodeb_num

在表 2-5 中,列出了三个省级运维平台数据库中的无线网络控制器 (Rodio Network Contraller,RNC)基础工参数据的字段信息。在对这三个省份的字段信息进行对比的过程中,我们可以发现这样一些问题:

(1) 在列表中,A、B 两省所使用的文字为中文,而 C 省所使用的为英文。

(2) A 省的数据相对而言较为丰富,而 B 省与 C 省却在不同程度上有缺失的数据内容。比如,B 省的"NodeB 数量"字段缺失,而 C 省的"所属 SGSN"字段缺失。

(3) A、B、C 三个省份在描述相同的字段时使用了不同的名称。比如,A 省"载频数目"字段,分别对应 B 省的"载波数"与 C 省的"Freq_num"。

(4) A、B、C 三省的名称字段虽然相近,但在实际取值的时候,还需要转换字段。例如,A 省的厂商标识,字段取值为"1、2、3",对应到 B 省的厂商名称,则需要转换为"华为、中兴、爱立信"等。

(5) A、C 省"Iu 接口 IP 层配置带宽"单位是 Mbps,而 B 省该字段的单位则为 bps,为了方便后期的分析比对,需要转换为相同的单位。

(6) 作为 RNC 基础工参信息表,"RNC 标识"字段本来不应该为空。可在实际统计数据过程中,"RNC 标识"字段有不少存在空置现象,属于无效数据,需要被清洗。

于是,在进行 ETL 数据分析的时候,必须要对原有的数据进行抽取、转换和加载。

第一步,数据抽取。

所谓数据抽取,就是从不同环境中将数据抽取收集起来的一个过程。在收集数据时,有一点需要特别注意:那就是要根据业务的需要,确定好抽取的数据的字段,使得到的数据是有效的、精准的。此外,每个数据库的字段与主同需求的字段有对应的关系。比如,在表2-5的"NodeB 数量""单载频 NodeB 数量""双载频 NodeB 数量""三载频 NodeB 数量"等字段信息就非常重要,所以,就算是 B 省关于该数据的字段有所缺失,该字段信息也需要包含在需求字段之中。

在抽取数据的过程中,抽取人员不仅要考虑到业务的需要,还要考虑不同的数据库、不同类型的文件系统、不同的抽取方式和频率等。这是一个十分复杂的过程,抽取人员一定要多加注意。

第二步,数据转换。

数据转换是将抽取出来的数据进行整理,保证数据单位是一致的。一般来说,数据转换包含两类。

第一类,将数据名称以及格式进行统一。即完成数据的粒度转换、统一命名、商务规则计算、数据格式与计量单位的统一等。比如,将表格中"厂商标识"字段,取值统一为"华为、中兴、爱立信"等。

第二类,清理数据仓库中可能不存在的数据。在清理时,要对信息字段进行组合、分割与计算。比如,以运营商获取的用户上网详单为例,我们需要根据用户上网内容以及流量的类型来确定用户所使用的业务类型,从而生成对应的信息字段。并且,若单个用户在单个小区使用了各类型的业务流量,还需要对单个用户所使用的各类型的业务流量、次数以及时间等进行统一与汇总。

数据清理时,需要数据转换工作人员根据业务规则的需要,对那些异常的数据进行清洗,从而有效保证后续数据分析的准确性。比如,表2-5中"RNC 标识"为空的字段信息就将会被清除。

第三,数据加载。

数据加载就是将那些清洗之后的数据,按照定好的表的结构将数据添加进去,就好比将砖和瓦填充到设计好的大厦框架中。在这个过程中,允许人工进行干预,以便能够及时地弥补和修复不完善的地方,提供及时准确的错误报告、系统日志以及数据备份与恢复功能。

在整个数据加载的过程中,可能需要进行跨网络、跨平台的操作。在实际的操作过程中,数据加载也需要与数据系统结合使用,最终确定出最佳的数据加载方案。

ETL 在智能商业中的实施策略

ETL 处理技术会将那些杂乱无章的数据整理出来,通过抽取、清洗、加载等手段,形成最有用、最干净的数据,再将这些数据填充到数据仓库之中。它是联机分析处理、数据挖掘的基础。

从表面上看,ETL 似乎没有什么技术性可言。但是实际在进行 ETL 处理时,会耗费大量的人力、物力,在后期进行数据维护时,也需要耗费不少的精力。

一个企业要想将 ETL 做好,就必须知道四个关键点:成本、人员经验、案例与技术支持。

随着科技的发展,社会上也出现了很多 ETL 处理技术的工具,在构建数据仓库时,企业可以根据自己的需要来选择使用。在选择工具时,需要对这些工具的出错控制、恢复流程的处理等进行全面的考察。

好比建造一座大厦(数据仓库),用砖瓦建成大厦的过程(ETL)无疑是其中最耗费时间的一项工程。事实上,它也确实在数据仓库的建构耗时中占到了 50%～70%。面对如此繁复的工作,又需要耗费绝大多数的时间用于分析,所以,它对团队的协作性要求很高。ETL 的分析处理,除了包括抽取、清洗、加载,还包括了日志的控制、数据模型、原数据验证以及数据质量等方面。

简单举个例子,比如,我们需要整合一个企业在亚太地区的数据,然而在这个地区,每个国家都有自己的数据源,而且数据库可能也不太一样,还要考虑到网络的性能问题。如果简单粗暴地去连接数据源,显然就很不合理。因为在网络不好的情况下,经常进行连接,反而容易让数据库中的链接由于不能释放而死机。相反,如果我们在各地区的服务器中放置一个通用的数据导出程序,就能够更好地传输数据。

在该案例中,我们需要做好这样几项工作。

(1)有专人写通用的数据导出工具。可以用 Java,也可以用脚本,或者是其他的数据传输工具,总之该数据导出工具要能够通用,以便能够通过不同的脚本文件来控制数据的传输,使得各个地区、不同数据库中所导出来的文件格式是一致的。

(2)有专人写程序,可以使用批处理文件(Batch),也可以使用 ETL,还可以使用其他的方式。力求程序准确,便于调用与控制。

(3)有专人进行数据模型的设计。

(4)有专人写结构化编程(Structured Programming,SP),包括 ETL 中需要用到的 SP,还有日常维护系统中的 SP,比如对数据质量进行检查等。

(5)有专人对原数据进行分析,包括表结构、数据的质量以及空值与业务逻辑等。

(6)有专人负责流程开发,包括各种功能的实现以及实现过程的日志记录。

(7)有专人测试。

通过以上几个步骤,我们不难发现,真正有效的 ETL 不是靠着某一个人的力量可以完成的,而是需要依靠团队的力量来实现。

此外,通过 ETL 分析数据的时候,我们还需要对每个环节的工作都做到细致、认真、严谨。

第一,数据清洗。

在数据清洗阶段,主要是对数据进行补缺、替换、格式规范化以及主外键约束。数据补缺,是指对缺失的数据、空数据进行数据补缺操作,进行"无法处理"的标记;数据替换,是指对无效数据进行数据替换;数据格式规范化,是指将所有抽取的数据格式转换成统一的格式,以便存储入数据仓库;主外键约束是指对非法的数据进行数据替换或者将错误的文件导出,重新加以处理。

第二,数据转换。

在此阶段,主要是进行数据的合并、拆分、行列互换以及验证等。数据合并主要通过多表格关联实现。为了保证关联查询的效率,还可以在每个字段加上索引。数据拆分则是按照一定的规则,对数据进行拆分。行列互换是指将数据按照某种规则重新排序、修改序号,去除那些重复的数据记录。数据验证则指通过一些工具完成数据的核实与验证工作。

第三,数据加载。

数据加载的方式主要有这样四种:时间戳方式、日志表方式、全表对比方式与全表删除差入方式。

当然,在利用 ETL 技术进行数据分析处理的过程中,也可能会有异常情况需要应对。这时候,就需要我们掌握这样几个处理办法。

方法一:将错误的信息摘出去,然后继续执行 ETL;将错误的数据修改完毕之后,再单独进行加载。中断 ETL,将错误数据进行修改之后,重新执行 ETL。该方法所遵循的原则就是可以最大限度地接收数据。

方法二:针对网络中断等外部原因所造成的数据异常,重新设定尝试的次数与尝试的时间,当超数或者超时之后,可以由外部人员进行人工干预修改。

方法三:当源数据结构发生改变或者接口发生改变时,先进行数据同步,然后再重新装载数据。

说到这里,我们重申一遍,ETL 分析处理技术并不像我们想象的那么简单,所以,我们需要对它有个清晰的认识。此外,在实际的操作分析过程中,我们还可能会遭遇到各种各样的疑惑与问题,需要仔细认真地应对和解决。如此,才能保证 ETL 正常发挥它的作用,为企业的发展与决策服务。

3

现代智能商业核心技术之物联网

商业智能的大发展得益于移动互联网、物联网以及大数据、云计算等高新技术的不断进步。由此,移动互联技术、物联网技术、大数据技术、云计算技术也就成为支撑商业智能跨越性发展的关键所在。

物联网技术的日臻成熟与完善,让越来越多的行业与部门开始变得智能化,也让人们的生活变得更加便捷。而不断发展的物联网技术,无疑成为推动智能商业飞速发展的一个重要推手。

3.1　物联网带领商业跨入智能新世界

作为新一代信息技术的重要构成部分之一,物联网同时也是"信息化"时代的一个重要发展阶段。物联网的英文名称为"Internet of things (IoT)",字面意思上理解,就是物物相连的互联网。

从含义上理解,这里有两层意思:第一层意思,物联网的核心与基础仍旧是互联网,是基于互联网技术延伸、拓展的网络;第二层意思,物联网用户端可以延伸或者扩展到任何物品与物品之间,然后完成信息的交换或者通信,也就是物物之间互通消息。

物联网的普及,依托于智能感知、识别技术以及普适计算等通信感知技术。如今,这些技术被广泛应用于网络融合之中,也由此,继计算机、互联网之后,物联网技术推动了世界信息产业发展的第三次革命浪潮。

从字面意思上理解,物联网连接的是应用的拓展,然而,与其说物联网连接的是网络,比如说物联网连接的是业务与应用,不如说,应用创新才是物联网发展的核心所在,而以用户体验为核心的创新 2.0 技术则是物联网深入发展的灵魂。

很多人在提到物联网技术的时候,首先想到的就是物物相连,其实不然,物联网广泛的含义有三种:物物相连(T2T)、人物相连(H2T)、人人相连(H2H)。

在深入的研究讨论中,不少学者还引入了"M2M"的概念。常见的解释为人到人(Man to Man)、人到机器(Man to Machine)、机器到机器(Machine to Machine)。不过,M2M的概念,并不仅限于解释物联网,还能更好地阐释人与人之间的互动以及与第三方平台的交互。

在当前的互联网环境下,中国物联网校企联盟这样定义物联网:环境以及状态信息的实时共享与智能化的收集、传递、处理、执行。从广义上说,当前所涉及的所有信息技术的应用,都能够纳入物联网的范围中。

从目前物联网的发展状况来看,物联网的概念已经渐渐贴上"中国制造"的标签。物联网的涵盖范围也与时俱进,渐渐超越了1999年凯文·阿什顿教授与2005年ITU(International Telecommunication Union,国际电信联盟)报告所指的范围。截至目前,在相关部门与行业的推动下,新一代的信息技术正在不断完善,一些新的政策措施也成为信息技术进一步发展的有力支撑,从而有效地推动了我国经济迅速发展。

作为一个新经济增长点的战略性产业,物联网的市场效益非常可观。《2010—2015年中国物联网行业应用领域市场需求与投资预测分析报告前瞻》数据表明,2010年,物联网在安防、交通、电力与物流领域的市场规模分别达到了600亿元、300亿元、280亿元和150亿元。在2011年,这个市场规模更是达到了2600多亿元。

在研究物联网这个概念的时候,有专家对物联网进行了这样的定义:通过各种信息传感设备,如传感器、射频识别技术、红外线感应器、激光扫描器、全球定位系统、气体感应器等装置与技术,实时采集那些需要监控、连接、互动的物体的信息与数据的过程。采集内容主要包括声、热、光、电、力学、化学、位置、生物等各方面需要的信息。这些有效的信息借助互联网技术形成一个巨大的网络,其目的就是有效实现物与物、人与物,以及所有物品和网络之间的连接,方便管理与控制。

著名的物联网专家倪光南院士则认为,物联网是借助各种传感技术[比如传感器、GPS(全球定位系统)、摄像机、激光扫描器等]、各种通信方式(有线、无线、长距、短距等），将任意物体和互联网进行连接，以达到远程监控、自动警报、控制、诊断与维护的目的，进而营造出一种"管理、控制、运营"一体化的网络环境。

正是从这个角度上讲，物联网已经被人们默许为下一个推动世界科技浪潮的重要生产力，是继通信网络之后的又一个千亿级别的巨大蛋糕。

业内专家分析，物联网一方面可以帮助企业极大地提升经济效益，节约运营成本；另一方面则可以在全球经济复苏的大环境下，为企业提供技术动力。由此，世界范围内正在掀起一股研究物联网的热潮。

随着物联网技术的不断普及，用于动植物、机器、物品的传感器与电子标签及配套的接口装置的数量也将会大大地超过目前市场上智能手机的数量。加速推广物联网技术，将会推动经济发展掀起另一个浪潮，为信息技术产业的不断深入发展奠定基础、提供机会。

在物联网不断发展的过程中，对各项智能产品的需求也会随之水涨船高，这种发展趋势，将会极大地推动信息产业的发展，同时为社会提供更多的就业机会。

物联网这一领域，产品涵盖范围非常广，从传感器、控制器再到云计算的各种应用都在其列。在物联网相关的产品服务领域，还衍生了智能家居、物流交通、环境保护、公共安全、智能消防、工业监测与个人健康等新产业。

这些产业从萌芽到发展壮大，正在不断地抢夺着传统产业的市场份额，为客户提供更加便捷、更加智能的产品与服务。

随着物联网各周边产业的发展壮大，物联网产业已经成为当今时代经济与科技发展的全新战略制高点之一。

在2014年2月18日召开的全国物联网工作电视电话会议上，中共中央政治局委员、国务院副总理马凯在会议上发表了重要讲话。他这样说："要抢抓机遇，应对挑战，以更大的决心、更有效的措施，扎实推进物联网有序健康地发展，努力打造出具有国际竞争力的物联网产业体系,为促进经济社会的发展做出积极有益的贡献。"

同时,他还强调,作为新一代信息网络技术的高度集成与综合运用领域,物联网不仅为新一轮的产业革命指明了方向,更成为这次产业革命的重要推动力量。对于培育全新的经济增长点、推动产业结构的转型与升级、提升社会管理与公共服务的效率及水平等方面,具有非常重大的意义。

想要更好地发展物联网这个行业,就必须遵守行业发展的规律,处理好市场与政府、创新与合作、整体与局部、发展与安全的关系。

以"需求牵引、重点跨越、支撑发展、引领未来"为准则,重点突破核心芯片技术、智能传感器技术等物联网领域的关键环节。在工业、农业、节能环保、商务流通、新能源交通、社会事业、城市管理以及安全生产等方面,全面发挥物联网的规模化应用与示范作用。

政府的信号,往往能够更好地帮助我们判断时代发展的风向。物联网已经成为当今时代推动市场发展的一个重要科技领域。与传统的互联网技术相比,物联网还拥有这样几个鲜明的特点。

(1)汇集了各种感知技术。物联网想要达到物物相连,就必须要借助各种类型的传感器,而每个传感器都能够成为一个信息源,不同类别的传感器所捕获的信息内容与格式也会迥异。此外,传感器所捕获的数据还具有一定的时效性,所以,要按照一定的频率与周期来完成环境信息的采集,不断完善和更新数据。

(2)物联网是建立在互联网的泛网络基础之上的。毫无疑问,物联网的基础与核心仍旧是互联网技术,借助各种有线与无线的高度融合,将物体的相关信息实时准确地传输出去。在物联网覆盖的环境下,传感器定时所采集的信息,往往需要通过网络完成传输。然而,由于传输的数量较大,就会形成海量的数据信息。为了保证这些数据在传输过程中准确及时，物联网就必须要适应各种异构网络与协议。

与不同传感器连接以及超强的智能处理能力，可以让物联网对物体实现实时智能的监控。物联网凭借着云计算、模式识别等智能技术，能够将传感器与智能处理有效地结合，进而不断地扩充着智能应用的领域。

通过分析、加工与处理传感器上所反馈回来的海量信息，我们就能发现不同用户的不同需求，从而探索出全新的智能应用领域与应用模式。从这个角度上讲，物联网推动着商业开始跨入了一个智能化的新世界。

3.2 物联网在商业智能中的应用场景

作为下一个千亿级别的超级蛋糕,物联网已经渐渐成为各国竞相追捧的全新战略性产业。美国研究机构Forrester预测,在未来,物联网能够带来的产业价值将会比互联网高出30倍。

从物联网这一概念被正式提出到现在,已经过去了17年。在这17年中,物联网这一新生事物在市场上也渐渐取得了一些突破性的进展。当前,很多企业已经开始展开了对物联网商业模式的探索与研究,其常见的应用模式有以下几种。

第一,创新连接件,开启"智能厨房"。

物联网市场的增长速度,很大程度上取决于设备联网后所能提供的超值服务。然而,不少设备的使用年限比较长,并且缺少基本的链接功能。针对这一现象,就有公司从连接件入手进行了创新,加速了传统的家电家居的智能化,为用户节省了不少更换硬件的成本。法国的Invoxia就是一个典型的例子。

为了顺应物联网的发展潮流,Invoxia公司推出了一款智能的冰箱贴Triby。这款冰箱贴,拥有一个内置扬声器以及一个2.9英寸的电子墨水屏,使用者在厨房的时候,就可以通过蓝牙连接

Triby，享受 Triby 的音乐播放功能。同时，还可以通过 Triby 完成涂鸦、购物、打电话等等功能。

然而，这种将家电智能化的方式还比较初级，也无法提供给用户更高级的体验。但我们不能否认的是，这种借助连接件打通物联网的思维模式，还是很值得借鉴的。

第二，智能家居，让家更简单。

伴随着智能化的脚步越来越快，智能家居市场也在不断地扩大着市场规模。越来越多的人开始瞄准这个新兴的领域。在美国，已经有越来越多的初创企业投入这个新起的创业大潮。美国犹他州普洛佛一家智能家居公司，就因为积极探索智能家居的商业模式，顺利获得了第一轮的风投，这家公司就是 Vivint。

Vivint 创新的商业模式，成为风投青睐它的主要原因。Vivint 使得消费者的智能家居体验变得更加简单。与那些单纯卖产品的公司有所不同，Vivint 为用户提供了智能家居套餐，让用户可以享受到整套智能家居系统的服务。

在 Vivint 的智能产品包月套餐中，有这样的选项，用户只要缴纳 54 美元，就能够获得一个控制面板、烟雾探测器、窗户和运动传感器；缴纳 70 美元，则会享受到智能安保功能，比如，智能门锁、视频监控与智能恒温控制器等等。因为 Vivint 推出的功能太过吸引人，目前，Vivint 吸纳的付费用户已经超过了百万人。

第三，硬件免费，借助数据创造价值。

免费这种玩法在当今时代已经不新鲜了。免费思维，甚至一度还是互联网思维中最经典的思维模式之一。在物联网大发展的阶段，免费模式也不可避免地成为一种非常重要的商业理念。

物联网的持续不断发展，为硬件免费提供了更多的可能性。公司通过硬件的免费就可以从智能互联网产品中挖掘出更多有价值的信息，创造更大的商业价值。也因此，目前有不少的公司将免费赠送硬件当作打开智能市场大门的钥匙。通过免费赠送硬件，顺利与用户建立起联系；再通过为用户提供增值服务，从收集的数据中挖掘出价值，获取更大的利益。

Fitbit 是一家美国的智能手环制造商，美国保险公司与 Fitbit 展开合作，为那些参加保险计划的客户免费提供一份 Fitbit 公司的智能手环。客户通过智能手环积累健康行为，就可以将积分兑换为保险折扣购物券等，保险公司也可以借此获得更多客户的数据信息。

这种创新性的场景模式，也成功吸引了其他相关领域的支持。比如，英国石油公司在职工的医疗保险计划中，就纳入了可穿戴设备这一环节，为员工免费赠送 Fitbit 智能手环。此外，还通过运动与奖励计划，刺激更多的员工为自己的健康进行投资，比如，员工如果使用 Fitbit 来赚钱积分，就可以抵消一部分医疗保险的费用。通过这种方式，各方都可以获得一定的利益。

第四，搭建通用平台，使得设备可以跨品牌互联。

物联网的发展速度取决于数据之间的可操作性。这意味着不仅需要兼容与互通的数据协议，还要具备共通的数据模式，才可能让不同的设备与功能顺利地连接到一起，进一步完成数据的整合，形成物联网的现实解决方案。所以，将不同平台上的智能设备输出的信息转化为同一种语言就显得很重要。

成立于 2010 年的艾拉物联是美国一家物联网整体解决方案提供商，在经历了 6 年的成长之后，艾拉物联已经成为物联领域首个敏捷物联网平台。通过在不同的区域搭建不同的服务器，艾拉物联能够更好地为用户提供服务，其中就包括云对云端设备的对接。

在艾拉云平台，不管是从 Google Thread，还是从苹果 HomeKit 接入的智能设备，都可以被转化为同一种语言，然后接入微信、QQ、Facebook 等社交平台。

不仅如此，艾拉物联还借助 IoT 技术，成功将硬件制造商所生产的传统产品变为了智能产品，为提取更加有价值的信息提供了方便。

以上就是目前市场上比较常见的几种场景应用模式。通过分析我们可以发现，在当前的市场环境中，各行各业都在积极抢占物联网市场的制高点。物联网市场已经开始驱使越来越多的商家和企业探索和钻研创新型的智能产品。然而，事物的发展总会有一个从低谷到高峰的过程，物联网的未来也还有很长一段路要走。所以，那些处于探索阶段的企业们，要多多学习与借鉴前辈们的经验，才可能会探索出更好的发展模式。

3.3　物联网驱动传统商业向智能商业转变

最近几年,在互联网领域最火热的几个词汇中,"物联网"绝对是榜上有名。而物联网的大发展,也驱动着传统商业开始朝着智能商业化的方向加速转变。

比如,科技行业就跟上了物联网的这股热潮,开始积极打造自己的智能商业系统。比如,小米将20多家物联网公司纳入了"米家军",扩充自己的物联网系统;谷歌并购了家庭智能温控品牌Nest;三星收购了初创的智能家居公司SmartThings;Apple买下了耳机与音乐串流服务相结合的Beats;微软将意大利的物联网平台Solair收入囊中;软银花费243亿英镑巨资收购ARM;诺基亚收购Withings加强自己物联网的业务环节。

这些科技巨头的种种迹象已经表明,物联网已经成为当前企业市场发展的一个重头戏。想获得更多的市场份额,就需要主动开拓物联网背后的市场,搭建一个全新的物联网生态体系。

物联网的大发展,让越来越多的企业开始意识到搭建物联网生态系统的重要性,这些企业开始积极地发展自己的服务平台与核心智能产品,进而推动新的商业形态的出现。

就拿谷歌并购Nest来说,谷歌不只借助空调控制、家庭监控以及烟雾监测等核心产品,构建出了智能家居的模型,更是与其他厂商展开了跨界合作，进行智能产品体系的构建，比如，与LG（乐金）、BMW（宝马）等大品牌厂商展开合作。在这之后，谷歌则将自己通过智能产品搭建所获得的数据卖给电力公司，创造出了一个全新的商业模式。

在物联网时代，物品一旦与网络发生连接，就会萌生出许多的机会与挑战。传统的服务以及商业模式也将会面临着被颠覆的命运。

在所有不同的资料被串联之后，物联网产品就可以根据用户过往使用经历所产生的数据，为用户提供定制化的个人服务，不断优化操作系统。

随着科技发展的日新月异，没有人能够清楚世界上到底有多少事物具备了物联网的特质，也没有人能够完全想象出当万物得到互联的时候，世界会是一幅怎样的场景。

曾经有人勾画出了这样的场景：

有一天你出门上班，汽车早已静候在门前；寒冷的天气里，车内的暖气调到了最合适的温度；等你上车之后，智能系统将车载音乐调到了你最喜欢的频道；显示屏里还跳出了你一整天的日程安排。而汽车通过这些日程安排已经了解到了你今天出行的目的，自动完成驾驶……

在这个好似科幻电影的场景中，你的汽车以及你身边所有的事物，其实已经被一张无处不在的物联网所笼罩。

人们为物联网定义的常见概念是这样的："用低成本的传感器连接和利用云计算技术，将碎片化的物的状态、信息以及控制协议进行互联。然后借助大数据分析以及人工智能技术，有效地提升各行各业的生产、服务效率，达到降低运营成本的目的。从深层次上理解，就是依托物的信息化，帮助各行各业的企业完成商业模式的转换。"

在这个过程中，离不开云计算以及人工智能这两大互联网技术的支撑。云计算，让物联网中那些碎片化的、数以兆计的各类物品可以实时地进行动态管理和智能分析。人工智能则是物联网未来发展的核心技术。这两者的结合也将在科技界引发巨大的变化。

对传统企业来说,物联网不仅是推动其加速转型的工具,更是提升传统产业格局、转变传统产业发展方式的终极手段。

在物联网大发展的情况下,传统企业可以将物联网技术应用集成到自己的产品之中,进而实现产品的升级,为产品的竞争力加分。

这些年来,就有一些科技公司抓住了物联网发展的机遇,开始凭借自己的物联技术推动传统企业向着互联网的方向转型升级。

比如,下面这两个行业。

案例一

传统的制鞋业一直被人们认为是低附加值的行业。有人曾经研究过中国的鞋业市场,得出这样一组数据:中国年产鞋 127 亿双,以普通儿童的鞋子为例,平均售价为 99 元,生产成本为 30 元,从生产到销售,需要扣除渠道商的利润,这样一来,制鞋厂最终所获得的利润可能只有 20 元、10 元甚至更低。

然而,如果制鞋厂能够在鞋子里嵌入物联网的模块(每个成本 20 元左右),这款鞋子就能瞬间变身为儿童智能防丢鞋。通过鞋内的蓝牙信号以及手机 QQ 的远程定位系统、活动重现功能等,家长就能通过鞋子实现实时定位,防止孩子走丢。

经过物联网的"升级改版",这款鞋子的售价就能提高到 199 元,如此一来,制鞋厂的利润就可以获得极大的提升。这也是物联网科技推动传统企业向着智能商业化方向转型的一个典型案例。从目前智能防丢鞋的市场发展来说,这类鞋子在市场中的占比并不算多,因此在鞋类市场上拥有非常广阔的发展前景。

案例二

　　某净化水企业虽然是业内的龙头,然而,在互联网浪潮汹涌而来之际,它却始终无法打开市场。某物联网科技公司与其展开了合作,将物联网芯片安置在滤芯之中。这样,水质好坏就可以随时被检测出来,并被发送到用户的手机上,进而提醒用户及时更换滤芯。如此一来,对净化器生产企业而言,光是销售滤芯耗材就能够获得一笔不菲的财富。

　　除了更换滤芯之外,通过物联网的智能模块,水质情况还可以集成为大数据,有效帮助企业研发出更加具有市场针对性的产品,有效满足不同客户、不同区域对水质的要求。

　　物联网技术就这样有效地推动了传统产品以及传统的商业模式朝着智能商业化方向转型。仅仅一枚智能的物联网芯片,就成为开启传统产品向高端产品迈进的一个全新动力。

　　毫无疑问,全新发展的物联网技术已经成为传统企业向智能商业化升级转型、必不可少的助力手段。在大数据、云计算以及物联网的共同作用下,越来越多的企业已经开始挖掘出全新的商业机遇,开辟出了新的市场。相信随着物联网技术的不断发展与完善,将会有越来越多的企业通过物联网技术获益。

4

现代智能商业核心技术之云计算

整个世界正处于急速变化之中,经历前所未有的数字变革,这将会推动整个商业环境走进一个全新的时代。

专业人士的研究与分析数据显示,数字化变革正在影响和主导着各个领域。2015 年,全球数字经济已经占到了全球经济总量的 22%,而且还有继续增长的趋势。而推动这场变革的,就是三大互联网技术:云计算、大数据和人工智能。在这三大互联网技术中,云计算更是成为变革的基础要素,发挥着不容忽视的作用。

4.1　云计算模式如何应用于商业智能

商业智能，这个词汇听起来似乎非常高大上，但实际上，在 IT 产业已经如同电话、办公桌一样成为企业基础要素的今天，它离各行各业其实并不遥远。

那么，商业智能对于企业的发展究竟有多重要？

全球大型数据软件公司甲骨文软件系统有限公司的 CEO 马克·赫德这样说："商业智能、大数据、社交化、实时性是未来企业的精髓。"

全球权威的 IT 研究与顾问咨询机构 Gartner 的研究报告也显示，自 2013 年到 2016 年，中国 CIO(首席信息官)最关注的三大应用技术分别是：商业智能、云计算和移动技术。

此外，全球消费者在智能家居服务上的支出，会从 2016 年的 170 亿美元，达到 2022 年的 500 亿美元，增长近三倍。金融、电信将会成为商业智能的首要市场。这两个行业占整个智能市场的比例将超过 60%，这主要是因为这两个领域的数据量较为庞大、数据结构也较为复杂，并且信息化的程度也相对较高。

在这个互联网大发展的时代，各行各业都已经开始意识到数据的价值。谁能够拥有大量的数据资源，谁就可能拥有绝对的话语权。而数据的价值往往表现在对交易行为和信息数据的深层挖掘与研究上。只有对用户数据进行深入复杂的分析,才能对用户进行精准定位与准确营销,进而极大地拓展出更多高附加值的增值业务。就以金融领域来说,只有根据不同客户和市场需求设计出不同的金融产品,才能够赢得更多用户的认可与信任。

而想要获得海量、有用的数据信息,就离不开云计算技术。从这个趋势看,云计算技术与商业智能正在逐渐地融合。

在云计算技术不断与商业智能碰撞的过程中,商业智能正在变得云端化。诸多的力量正在打破现有的商业智能市场格局。比如,新的供应商利用云计算优势为企业提供软件即服务(SAAS)的商业智能解决方案;新的移动设备为客户提供了更加便捷的接触与访问商业智能的入口,使得那些开始展开商业智能化操作的企业能够从中获益。

在以前,企业如果想要展开商业智能,往往需要支出一大笔安装和维护费用,并且其企业内部的IT部门也需要配备相应的人才与技能,为商业智能提供解决方案。软件即服务这种商业智能方案,很好地解决了这个难题,由此,移动设备,尤其是一些平板电脑的普及速度开始直线攀升。

低成本、云结构的自助式商业智能服务,移动设备对大户数据有效信息的提取及反馈,都成为当前企业向着商业智能化转型的高效解决方案。这种方案不仅能够被企业所用,也能够被企业的客户或者其他的一些利益相关者所用,比如供应商。

在这个不断发展与变化的时代,那些洞悉了商业智能重要性并且熟练驾驭商业智能的企业,都非常熟悉下面这个公式:

云计算＋大数据＋移动计算＋商业智能
＝财务风险可控＋IT支出更为可控＋生产力暴涨

云计算模式的不断成熟,已经让越来越多的企业尝到了它所带来的便利与甜头。

在10年之前,不管是在欧美还是在中国,不管是大中企业还是一些初创企业,它们在布局 IT 架构的时候基本都是一样的套路——购买服务器,并且部署一套 IT 系统,进而为公司的业务展开与战略部署提供有效的信息支撑。对于企业而言,IT 与其说是战略,倒不如说是一项必要的支出。

然而现在,伴随着云计算技术的不断完善,越来越多的企业可以借助一些大数据公司"公有云"的云计算服务来获取 IT 能力。

这里,我们所说的"公有云"是指第三方数据平台,通过互联网这个媒介为用户提供数据库存储、数据计算能力、应用程序以及一些其他的 IT 资源。有这些"公有云"的辅助,用户不需要再自建 IT 基础设施,只需要按照自己的需要向第三方购买 IT 服务即可。

这项"公有云"服务的创意最初是由亚马逊提出的。

10 年前,全球最大的电子商务网站亚马逊在解决了管理超大型数据中心与复杂软件系统的问题之后,猛然意识到了这些数据的价值,有了将这些能力与经验往外输出的打算。也由此,AWS(Amazon Web Services)随之诞生。

AWS 的运营逻辑非常简单,就是推出"公有云"服务,让更多的创业公司可以绕过 IT 硬件投资这个高消耗的环节,转而通过付出小额的代价从亚马逊这里获取 IT 能力。

这个模式获得了不少初创公司的认可,在硅谷,超过 80％的初创企业都成为 AWS 的忠实拥护者。

不仅如此,AWS 还在全球范围内掀起了一股"公有云"热。知名的市场调研机构 Synergy Research Group 发布的一组数据显示,2016 年第一季度,AWS 在全球云市场的占比已经达到了31％,微软、IBM 与谷歌则共占 22％,第 5 到第 24 位的云服务提供商所占到的市场份额为 27％。

2015 年 4 月,在公司成立 8 年之际,AWS 的业绩第一次出现在公司的财报里。财报显示,AWS 第一季度的营收达到了 15.7 亿美元，占到了亚马逊总营收的 7%，为亚马逊贡献了 49% 的利润。在随后的四个季度里，AWS 的营收增长了 70%，高达 24 亿美元。也因此，亚马逊的官方大胆预测：在未来，AWS 的营收或将超越其核心业务——电子商务，成为亚马逊全新的经济支柱。

在借鉴亚马逊经验的基础上，中国的电商鼻祖阿里巴巴也开始复制该模式，创造出了阿里云服务，并且发展迅速，在国内公有云市场上的占比超过了 31%。2015 年，"阿里云"更是呈现出爆发式增长，年增长率甚至超过了三位数。2016 年，阿里云开始走向全球，在全球范围内构建了 8 个数据中心，与 AWS 展开了直接的对碰与交锋。

AWS 和阿里云之后，越来越多的初创企业以及关键行业中的一些大中型企业、政府开始尝试云计算业务，并且慢慢尝试将其核心业务运用在云上。这也就昭示着，公有云服务已经开始渗透到主流市场。与此同时，公有云服务市场的规模也在不断壮大，全球市场研究公司 Gartner 的研究报告显示，2016 年，全球的公有云服务市场规模将会达到 2040 亿美元。又一家研究公司则做出了这样的大胆预测，到 2020 年，全球公有云服务市场的规模或将超过 2700 亿美元。

公有云正在全球范围内掀起一股云计算的风潮，驱动着越来越多的企业向着商业智能转型。区别于其他市场，云市场的开放性与合作性，也决定了越来越多的企业将会有资格参与到这场空前的市场博弈中来。

4.2 云计算,增强企业核心竞争力

随着云计算技术的不断完善以及云计算的普及,越来越多的企业已经意识到云计算所能给企业带来的价值。

阿里巴巴最新财报显示,阿里云扩张势头不减,连续 6 个季度收入实现三位数增长。这在一定程度上凸显了阿里云在进入爆发周期之后在市场上不断开疆拓土的强劲势头。

2016 年第三季度,阿里云的付费用户数量快速增长至 65.1 万人,推动收入同比增长了 130%,创造了 14.93 亿元的历史新高。云计算付费用户数量同比增长了 108%,付费用户分布在公共交通、医疗、金融、能源、政府机构、多媒体、制造、游戏等多个行业。

从云计算在全球的发展势头上看,云计算业务在某个时期内都会保持持续走高的趋势,而阿里云连续 6 个季度保持三位数增长的战绩,还是大大地领先于其他的一些云计算服务商。

与此同时,阿里云还在中东、日本、欧洲、澳洲全球四大数据中心开服,开始在全球范围内布局,加速国际化的发展速度。

一份权威的数据报告显示,在国内的云计算市场中,阿里巴巴已经毫无争议地成为云计算业务玩家。其云计算业务的规模是腾讯的近 10 倍。

2015 年第四季度,阿里云的营收就已达到 1.28 亿美元,年度净收入的

预估甚至超过了谷歌云计算的全球体量,冲进了全球前三,与 AWS、Windows Azure 形成了三足鼎立的局面。

在谈及阿里巴巴目前在云计算方面的打算时,其首席财务官武卫表示,阿里云业务目前的关键是加速快跑、不断创新、稳固自己的市场地位。为了能够与 AWS 相抗衡,阿里云甚至对中国区的云产品价格实行了全线下调。这一措施有效地提升了阿里云计算在国内市场的普及率,提升了阿里云在国内市场的竞争力。

在阿里云蓬勃发展的同时,其他一些互联网企业巨头也渐渐意识到了云计算所蕴藏的巨大潜力。比如,腾讯、百度、网易、金山软件等互联网企业都在加速自己布局云计算的脚步。

一、野心勃勃的腾讯云

腾讯云起步较晚,可是其增长速度却快得惊人,可见其对云计算市场展示出的强烈野心。2016 年 7 月,腾讯就曾经联合广东省政府举办了"云+未来"峰会。该峰会也成为继"云栖大会"之后,第二个由企业主导的云计算峰会。

在此次峰会上,腾讯掌舵人马化腾发表了重要讲话,并且对云计算的未来发展做出了预判。在他看来,"互联网+"想要发展起来,第一基础要素就是"云"。在未来,大部分的科技创新都要依赖于"云"所提供的数据。在智能商业逐渐变为现实的时代,传统企业转型已经从"触网"向着"触云"转变。

在 2016 年的 Sort Benchmark(被称为"计算机的奥运会")上,腾讯一举包揽了象征技术能力排序比赛的四个子项目的冠军。这也再一次证明了腾讯在云计算方面的实力。

一份关于 2016 年互联网趋势报告提到了这样一个事实:在移动互联网时代,中国用户最常使用的平台以及生态系统就是腾讯的生态系统,比如,微信、QQ、QQ 浏览器、应用宝等。在这些平台上,国内用户使用互联网的时间已经超过了 50%。

腾讯云计算的沉淀与输出技术是当前世界上任何一家企业都无法比拟的。在"云+未来"峰会上,马化腾还表示,自从腾讯云诞生之日起,根据腾讯的消费级业务优势就形成了完全不同的垂直云领域。比如,游戏云、视频云、金融云、政务云以及媒体融合云等。

与阿里云不同,腾讯云并不发展独立业务,而是发展基于整个战略平台和规划的业务。

紧跟阿里云海外扩张的步伐,腾讯云也在海外开放了 11 个服务节点,成为阿里云最强劲的对手。

二、加速人工智能化的百度云

百度自创立以来,一直致力于搜索引擎的业务发展,在该方面积累了大量的实践与经验,这也使其在向云计算转变方面拥有了天然的优势。

与阿里云和腾讯云不同,百度云充分利用自己的核心优势,向人工智能领域发展,并率先提出了"云计算+大数据+人工智能"三位一体的发展战略。为此,还专门推出了天算、天像、天工三大平台,分别对应智能大数据、智能多媒体、智能物联网三个领域的云服务业务。人工智能化的加速发展,也对"百度云"的云计算能力提出了更多的要求。为此,百度不仅在硅谷建立了人工智能实验室,还在北京设立了大数据实验室与深度学习实验室,在人工智能领域展开了深入的探索与研究。

在百度所发布的"云图计划"中,百度还提出了 ABC 生态圈的概念:其中 A 为 AI,意为人工智能;B 为 Big Data,即大数据;C 为 Cloud Computing,即云计算。意为打造一个人工智能、大数据与云计算三位一体的生态系统。

在人工智能领域,百度曾经被《财富》杂志评为全球四大巨头之一,而在云计算领域,百度也在利用自身的数据优势,持续发力。

三、以场景服务为主打的网易云

提起网易云,大家并不会感觉到陌生,甚至对网易云所提供的一些服务还非常熟悉。比如,网易考拉海购、网易云音乐、网易云课堂等,它们都是建立在网易云的基础之上的。和其他的互联网企业相比,网易也是一家比较有资历的互联网企业,有着雄厚的技术支撑与用户基础。10多年来,网易的发展一直都很稳定,也拥有非常不错的用户口碑。

而今,面向市场推出网易云,可以说是水到渠成的事情。与BAT(中国互联网公司三巨头,B＝百度,A＝阿里巴巴,T＝腾讯)相比,网易是一个非常低调的存在。直到2016年,网易云信、网易七鱼、网易视频云等产品相继被民众推崇之后,业界才惊觉,网易其实早就在布局云计算市场。

在云产品的构思上,网易非常用心,选择时刻需求最旺盛的即时通信、客服系统以及视频云服务作为切入点。场景化的服务模式,很容易让网易云在云计算市场赢得一席之地。

四、云计算中的"爆款"金山云

伴随着云计算的崛起,越来越多的互联网企业开始投入云计算市场的角逐中。2016年11月,金山云适时推出了自己的大米云主机与米仓解决方案。从产品的命名上看,这些产品似乎都和小米有着千丝万缕的联系。

而事实上,金山云也是借鉴了小米快速占领消费者市场的经验,如超高性价比、最佳配置以及超高性能等。小米的这些优势,让其成为智能手机市场的爆款。而其在线发售、定制创新的营销模式,更是精准地触及用户的痛点。

金山云借鉴了小米的"爆款"经验,打造出"超高性能＋强悍配置＋高性价比"的云产品,精准地解决了用户的难题。而其根据市场经验所定制的"精准营销＋在线销售＋量身定制"营销方案,也为其顺利地打开云计算的大门而助力。

从以上互联网企业巨头的探索发展,我们不难看出,云计算已经成为各互联网商业企业最为看重的一项业务,也成为其增强自身竞争力最关键的手段。

4.3　利用云计算进行实时商务智能研究

　　商务智能是目前国内外企业界和 IT 界关注最多的一个研究领域。商务智能英文名为 Business Intelligence,简称 BI。商务智能通过将先进的信息技术应用到企业的生产、经营与管理中,对企业组织的经营管理理念与业务活动进行恰当的业务分析判断,整合相关运作环境的信息,使得那些分散在各个环节中的信息可以有效集成。结合适当的分析模型以及算法,就能够让现有的企业信息库为企业发展以及市场竞争提供更加有用的决策参考,进而有效地降低企业的运营成本,提高企业的运营效率,搭建出良好的客户关系,挖掘出有价值的信息。

　　很显然,随着商务变得智能化,企业的市场竞争力也开始不断提升。与此同时,随着互联网的发展与企业信息化进程的加速,企业内部的数据也开始飞速增长。对应的,传统企业在对数据的处理方面也开始显示出了不足,传统发展模式在某种程度上带来的弊端开始一一呈现出来。

　　就是在这样的情况下,云计算技术开始受到了人们的瞩目。云计算技术在数据挖掘、图像处理以及对大规模数据的处理方面有着天然的优势。它不仅可以为用户提供廉价的存储空间,更能够提供给用户强大的运算能力以及庞大的数据"云端"。

　　这种发展趋势,不断地推动着云计算与商务智能的融合。而云计算与商务智能的不断融合，也构成了企业的核心竞争力之一。通过云计算所研发出来的服务模式，在一定程度上能够弥补传统商务智能在技术方面的不足，进而提升企业各应用在各相关业务领域内的功能。

借助着大数据与云计算技术，企业的决策能力、相关业务运营效率以及信息的系统性都得到了相应的提升。这主要表现在以下几个方面：

第一，传统的智能商务，在数据集成、数据分析、战略决策等环节中都会因为数据信息不完整导致实施延时，从而影响企业对市场风向的正确判断。云计算技术弥补了企业的这项不足，强大的数据库存储技术、数据管理技术以及数据安全技术等，为企业的数据处理提供了强大的计算能力。借助着云计算，企业的数据处理速度可以比平时高出好几倍。此外，一些中小企业还可以根据自身的业务需要，选择少量需要付费的项目。商务智能的这些优势就能够让企业在减少信息化成本的同时，有效地提升客户关系管理、产品创新、绩效评估与经营分析等方面的数据分析与决策能力。

第二，传统的商务智能总是局限于企业内部业务流程的数据分析，而云计算中的 IaaS(Infrastructure as a Sewice,基础设施即服务)服务模式则让企业的硬件设施虚拟化以及商务智能的网络化变成了可能。

第三，基于云计算基础上的智能商务可以聚合更多的外部有效数据，然后结合内部的业务数据，生成最精确的企业经营状况分析报告，从而为企业的决策者提供战略战术决策等参考。此外，企业利用云计算技术不断提升自身的同时，还能不断地反思自己的技术手段，进而学会从全局角度看待企业的未来，有效地提升企业在各个方面的竞争力。

伴随着传统企业开始意识到云计算技术的重要性，越来越多的企业开启了自己的云计算业务领域。随着相关研究的不断深入，越来越多的企业开始将自己的业务放置在云端。在"云中部署 BI"已经不再是一个异想天开的幻想。而这个构想的可行性，也开始得到了越来越多人的认可。

在这个过程中我们需要注意的是，要想实现企业商业智能应用向云端化转移，需要做到以下几点：借助虚拟化、数据存储以及自动化等云计算数据,有效整合企业现有的软硬件资源;加紧对具备"云"模式的数据分析与商业智能平台的建设;按照"云"模式,选择性地重构企业中现有的相关各类业务系统中可能用到的数据业务。比如,数据提取、分析、展现以及其他一些商业智能服务等。

现实生活中,已经有越来越多的厂商开发出了基于"云"之上的商务智能服务。其中最典型的代表就是 Informatica 公司。

在智能商业化不断发展的大趋势下,这个数据集成领域的专业厂商已经开始尝试向企业用户交付云服务。

该公司所发布的 Informatica 9 数据集成平台能够提供强大的云端集成能力。而其所发布的 Informatica Cloud Fall 2010 版本,则全面增加了 900 多家公司,开创性地运行按需数据集成服务。在该数据平台上,每天处理的数据集成任务超过了 5 万个,每天处理的事务则超过了 3 亿个。

从当前各公司的发展趋势上我们不难看出,云计算与商务智能的结合,已经成为当前市场发展的一种必然趋势。而其技术的可行性对企业运营效率的提升以及商业决策的影响,也已经被越来越多的新兴商务智能企业所证实。

5

现代智能商业四大核心要素

对大数据和商业智能化带来的利润和巨大价值,任何企业都不会质疑,因为已经有了不少的成功案例,大家都从中看到了商业智能的潜能。现在存在的问题是,如何更好地释放商业智能的潜能,减少前期的巨额投资。专业人士指出,当今社会,客户为王,无论是分析能力还是数据洞察能力都是企业生存的关键,而对数据进行实时处理,需要企业投入大量的技术,掌握商业智能则是企业解决方案中最大的优势。

5.1　将数据分享给员工

大数据能带给企业商业价值与巨大利润,这已经成为大家有目共睹的事情。在我们的身边也有着许多成功的案例,让我们再一次认识到商业智能的巨大潜能。

在商业智能获得越来越多人的认可之后,不少的专业人士开始思考这样一个问题:如何才能更好地挖掘出商业智能的潜能,减少智能商业化前行道路上的阻碍?

有人就提出了这样的观点:当今社会,客户就是企业的命脉,数据就是企业的根本。无论是数据分析能力还是数据洞察能力,都已经成为企业生存的关键。

而企业想要及时地处理好各种数据,就需要投入大量的技术。在这个日新月异的时代,谁能够快速地掌握商业智能的关键技术,谁就能够在激烈的市场竞争中占据有利的地位。

在数据变得越来越有价值的今天,如何才能让数据发挥出最大的价值,激励企业的员工朝着更好的方向去努力呢?有人提出了这样的观点:把数据分享给员工,让数据变得透明化、可视化。

的确,在商业智能化大发展的驱使下,数据如果总是掌握在少数人手里,就不能够发挥出原本的价值。企业的管理人员如果想要企业获得更好的发展,就必须学会将一些数据分享给企业员工。只有让员工清楚地了解到公司的当前发展状况以及业务状况,他们才能更好地掌握公司的发展动态以及现状,进而有着更明确的努力方向,并为了更好地提升公司的业绩而不断前行。

然而,现实状况却是,在很多公司里大部分企业员工对商业智能了解不够,甚至对公司里的一些技术都不甚了解。如此一来,在使用这些技术的时候,就会出现各种各样的问题,导致工作效率不高,企业绩效提升不明显。

为此,专业人士认为,想要让员工跟上时代发展的潮流,依据数据驱动以及敏捷性等问题做出最佳的决策,就要与员工和技术人员多做沟通,将数据可视化,实现整个企业的信息数据共享以及分析协作服务。

在传统的企业中,如果员工了解了更多的数据专业知识,操作起来就会更加得心应手;在互联网企业中,公司将数据公开,让员工了解到企业的发展现状,员工才更有干劲。

爱奇艺就是这样一家懂得公开数据重要性的平台。

《2016年中国网络视听发展研究报告》出炉,报告显示,从2016年开始,视频行业进入了寡头时代。在视频大军中,第一梯队的爱奇艺、优酷和腾讯视频的市场份额占比达到了50%,并且与第二梯队的乐视网、搜狐视频等平台的差距越来越大。当前,第二梯队中的视频平台在视频市场中所占据的市场份额还不足25%。

2016年6月,爱奇艺公布了其VIP会员的人数,突破2000万。《老九门》《无间道》《灵魂摆渡3》等热播的影视剧,将爱奇艺推上了中国视频付费市场第一的宝座。

爱奇艺创始人龚宇认为,用户付费模式已经成为一种趋势,2016年给行业带来的收益,大概能有"好几十亿"。当会员收费业务模式逐渐成熟之后,收费业务将会和广告业务一样,占到爱奇艺营收的1/3。而包括游戏分发在内的其他收入,将会承包剩下的

1/3营收任务。

与此同时,他还认为,收费模式很难形成多家共存的现状。对爱奇艺来说,付费用户越多,网站收入就越高,从而所能够投资的剧也就越多。当收费模式延续两年之后,在视频市场中,能够形成规模的最多不会超过两家。

伴随着视频领域竞争的愈演愈烈,企业的各种营销手段也开始轮番上阵,定制营销、表演式广告、粉丝联动、口碑营销等营销模式迅速兴起,成为2016年视频行业内容营销最显著的变化。

VIP会员的多少与增量,渐渐成为鉴别视频网站内容与价值的重要标准。

而爱奇艺通过分析用户行为与需求,在内容策略上与潜在的付费用户需求形成匹配,建立了能够让用户付费的内容基础。此外,爱奇艺根据用户的观看习惯,充分利用内容运营的优势以及自身的明星资源,与VIP用户建立了稳定而平等的沟通关系。最后,爱奇艺还为VIP用户打造了诸多的增值服务,比如"明星定制版会员卡""会员日"以及"尖叫之夜"等。

当网站将所有的数据公开,所有的员工就都清楚地知道公司的发展现状以及发展规划,他们在跟公司一起努力的时候,就不会觉得迷茫,也不会觉得自己所从事的工作是没有未来的。

与此同时,智能化时代,企业将更多的数据技术分享给员工,就可以达到一种全员都是技术员的状态,从而可以极大地提升企业在市场当中的战斗力与综合竞争力。

5.2　智能锁定客户

随着互联网的加速发展，人与人之间的沟通变得更加简单和便捷。企业能够更快、更好地了解到客户的需求，客户能够更及时地向商家表达自己的诉求。正是在这种大环境下，C2B（Consumer to Business，消费者到企业）定制模式悄然盛行。

在智能商业化时代，企业只有更加精准地锁定自己的目标用户，才可能在激烈的市场竞争中占据一席之地。

在实体店受到互联网浪潮大力冲击的情形下，实体店中的代表企业——屈臣氏却在这股潮流下逆势生长。

屈臣氏的最新财报显示，在中国内地，其2016年上半年的营收达到了106.3亿港币，比上年同期上升了0.4％，店铺的数量也快速增至2622家，比上年同期增长了17％。在连锁领域中，其整体毛利率更是高达22％，位居全球第一。

在传统电商强势来袭、实体店频频遭遇寒流的时候，屈臣氏为什么能够依然坚挺？其中最重要的原因，就是屈臣氏能够智能锁定客户。

为什么这么说呢？让我们一起来看一看屈臣氏征服年轻女性的那些"小心机"吧！

第一，选址。

选址是传统门店获得成功的第一要素。而屈臣氏在这方面则有着很权威的发言权。

屈臣氏在选址的时候，会利用地理信息管理系统将一些重要的参数发到后台信息库，比如附近的人流情况、办公室数量、居民数量等，然后综合地图方面的信息，完美地计算出店址的辐射效应，从而快速地做出选址决策。

屈臣氏在选址的时候，多会选择将店面开在繁华的商圈，比如一些繁华的街道、商场、机场或者是白领相对集中的写字楼附近等，非常精准地锁定了屈臣氏的潜在客户群体。

在经济学上讲，"客流"就是"钱流"，这一点在屈臣氏身上得到了充分的体现。

繁华地带所带来的巨大客流量，不仅有效地提升了屈臣氏的销售额，还能更好地体现屈臣氏的品牌形象。

第二，细节塑造，成为客户的形象专家。

屈臣氏与一般的超市有着非常明显的不同。走进屈臣氏，你会觉得自己好像走进了一家专业的个人护理店。

这就是屈臣氏的"小心机"故意营造出来的效果。

屈臣氏在很久以前，就已经开始提倡"个人护理"的专业理念。在屈臣氏的店铺中，不管是商品的陈列，还是营业员的素质，无一不在向客户们展现着屈臣氏个人护理专家的权威形象。

在品牌陈列方面，屈臣氏统统按照"化妆品"—"护肤品"—"美容用品"—"护发用品"—"时尚用品"—"药品"的顺序分类摆放，这样的摆放顺序，不仅为顾客的个人护理提供了完整的产品线，而且也更加方便客户进行挑选。

不仅如此，屈臣氏还下大力气成立健康顾问咨询。健康咨询团队里包括全职的药剂师以及供给商方面派出的驻店促销代表，能为客户提供各种专业的皮肤护理知识咨询服务。

虽然屈臣氏并不去刻意凸显自己的专家形象,但店里的摆设以及各种各样的细节,却无时无刻不在提醒着大家屈臣氏在化妆品领域中的"专家"身份。

第三,新颖的产品搭配。

走进屈臣氏,你会发现,店里不仅仅卖化妆品,同时还会涉及很多的产品领域。比如食品、电子产品与机场零售等业务。

抓住客户需求,在为客户提供化妆品的同时,照顾客户的周边需求,将药品、食品等系列产品纳入销售体系当中,这样当顾客到店时,就可以实现一站式购齐,极大地提升用户体验满意度。

屈臣氏的做法,已经吸引了不少企业的注意,也有不少企业开始将屈臣氏的做法当成自己学习的标杆。

时至今日,屈臣氏在全球范围内已经开了超过5000家门店,销售额超过百亿港元,这样的成绩,让人艳羡的同时,也让人深思。在这个智能商业开始唱主角的时代,你不去适应时代的变化,就会被时代的浪潮所淹没。

正是因为如此,当今时代,才会有越来越多的企业开始重视自己的客户,注重目标客户的用户体验。比如,美国的青少年服饰连锁机构 Urban Outfitters。

它在曼哈顿开了一家旗舰店,其店面设计就堪称颠覆性。在这家店里,有咖啡屋、音乐区、照片打印区、宽敞的试衣间、阅读区……

在这家店里,客户可以有很多事情做,就算是在里面待上几个小时都不会感到无聊。在这么长的时间里,客户也就会有极大的可能性进行消费。

在这个大众创业、万众创新的时代,企业仅仅锁定自己的目标用户是不够的,还必须增强客户的黏性,让客户心甘情愿地为你的产品或者服务买单。智能锁定客户,为客户提供他们最需要的服务,就能够最大限度地留住客户,提升企业的效益。

5.3 支持特定需求

一个企业想要获得快速的发展,就必须迎合市场的需要,制造出满足客户需求的产品。这一点在智能商业时代也不例外。企业只有找到用户的特定需求,并想尽办法去支持用户的这些特定需求,才可能获得更加高效的业务发展,帮助客户建立起更加有用的项目系统,进而有针对性地解决各种问题。

在智能化大发展的今天,顾客的需求能够被快速地记录和反馈;也由此,商家有了更多支持客户特定需求的可能。

比如,在移动支付开始盛行的今天,支付宝变得风头无二。每年的"双十一"都能够刷新往年的销售纪录。

支付宝钱包之所以能够取得如此骄人的成绩,有这样几个前提:

首先,归结于智能手机在过去3年内获得大范围的普及。谷歌的统计报告显示,在中国,智能手机的普及率已经达到了70%。

其次,移动支付因为其便捷性,正在受到越来越多的商家与消费者的青睐。

支付宝的实名认证用户已经超过了3亿,支付宝钱包的活跃用户也已经逼近了2亿。在过去3年里,使用支付宝进行移动支付的比例从3%上升到了54%。

移动支付的盛行,极大地降低了线下商户交易的成本,避免了现金交易时可能会遇到的假币、残币、现金被盗等风险。

随着移动支付开始成为一种趋势,越来越多的客户也喜欢上了这种便捷的支付方式。支付宝钱包所提供给用户的支付服务,不涉及客户硬件的改动,也不涉及太高深的技术,却能够达到成本最低、收银时间最快、极大提升效率、解放劳动力等目的。很显然,取得这样的成果都是与当代的云端技术密不可分的。

科技的日新月异与互联网技术的大发展,让企业处理数据的能力变得越来越强。很多企业都开始将目光转移到了"云端"之上,将更多的应用与功能部署在"云"上。由应用与功能所产生的大数据,也被存储在了"云端"之上。与传统的存储与运算渠道相比,云存储与云计算有着更大的容量空间与更快的处理速度。当数据开始聚集在"云端",采用基于"云"的商业智能解决方案也就更容易被储存在"云端"之上。当云端计算能力变得越来越强大的时候,单独的商业模式也就开始朝嵌入式的商业智能化发展。

移动智能化的发展,让用户的需求能够更快地通过云端反馈到商家那里,进而给商家的发展与改进提供了重要参考。正是因为如此,在智能商业时代,学会利用大数据与云计算技术锁定和支持用户的特定需求成为构成智能商业的核心要素之一。

在移动互联网时代,那些不能够利用先进的移动互联网技术去获得信息的企业将会成为时代的落伍者,被时代所淘汰。而在后移动互联网时代,那些不使用移动端交互信息的企业也将会成为时代的落伍者,尝到落后的苦果。

从这个意义上说,对移动商业智能的完善,就成为每个致力于朝着智能化方向发展的企业必须要重视的内容。

因为,在当今时代,已经有越来越多的用户不再满足于只是通过传统的报表与图表来获取信息,基于地图基础上的数据展示方式正在逐渐盛行。

除了这些比较常见的技术,数据的可视化技术、挖掘技术等,也需要被重新挖掘和利用。

结合生产工艺所形成的个性化展示以及噪声的数据展示,将能够更加方便地满足用户的个性化需求,而这也是智能商业需要面临的一个严峻挑战。

与此同时,智能商业的过滤、上钻、下钻、比较等功能也能够帮助企业分析出一些特殊用户的需求。由此,在未来的商业智能化发展过程中,预测、分摊、数据挖掘以及假设模拟等都会成为企业研究与发展的方向。

在大数据时代,每个企业都需要不断地研究与探索,才能够有所发展。在商业智能化时代,每个企业的业务模型与需求都要力求与其他企业不一样,才可能获得长足的发展。也就是说,要找出客户的特定需求,以区别于其他的企业,进而获得差异化的优势。

商业智能系统,不仅仅要满足客户的普遍需求,还要进行灵活定制,去满足客户特殊的需求,这样才能够支撑企业更好地服务客户,更好地改进项目,更好地展开运营。

5.4　追求创新

当创新成为时代发展的一种趋势,所有的企业都将创新当成企业发展的核心要素。而在商业智能化时代,创新更是成为推动企业不断前进的核心要素之一。

在这个时代你想要赢得更好的发展,就要比别人多想一步,比别人多做一点儿。

商业智能化给企业带来了更大的便捷,也给企业带来更多更好的解决方案。

然而,对于任何一个企业来说,要想在这个时代过得更好,都需要不断地展开创新。其中,混合数据管理就是企业通过工业规模分析进而展开业务创新的重要基础。通过这种模式,企业可以将信息顺利地集合在整个业务流程之中,然后充分利用所有的相关内容,发现各种数据,最终确保企业内部的各个系统都可以获得正常的运转。

虽然发展商业智能在前期可能需要投入比较多的资金,但是从商业智能的发展趋势以及未来的发展势头来看,智能化已经成为时代发展的必然,也是当代企业必须要具备的硬件条件。

企业只有更好地利用智能化技术分析用户行为、用户数据,才能做出最佳的企业决策。

伴随着科技的不断进步，越来越多的商家与企业已经开始充分利用起科技的神奇力量，提升客户的体验感。

比如，阿迪达斯就和英特尔展开合作，提出了"虚拟鞋墙"数字货架。在虚拟鞋墙上，所有的产品，顾客似乎都触手可及。全球最大的美妆零售商丝芙兰紧随其后，在其实体店中，顾客可以自行体验18个气味族，当顾客找到了符合条件的香味，设备上的喷嘴就会喷出与之相对应的香氛气体，让顾客快速找到自己中意的商品。

很显然，在这个智能化高速发展的时代，只有创新创造才是所有企业的出路。

对互联网企业如此，对传统企业也是如此。

比如，随着科技的不断发展，个性化的智能试衣间逐渐盛行起来。与传统的试衣间相比，个性化的试衣间更能提升用户的购物体验，点燃消费者对实体店的兴趣与兴奋点。

在网购成为一种时尚的今天，如何在逆境中求生存，这是很多实体店都在思考的一个严峻课题。电子商务的崛起，对实体零售业造成的威胁是显而易见的，在这个强大的竞争对手面前，实体店是否还能够再创销售的辉煌，这是令很多实体店无比焦灼的问题。

在这种严峻的形势下，商场内的品牌实体店开始大力发展个性化的"试衣间"。

全球最大的管理咨询与信息技术跨国公司埃森哲的数字试衣间，就是其中的翘楚。

该试衣间基于射频识别（RFID）标签，借助电磁场无线传输数据，可以做到让顾客在试衣间内一键呼唤店员，更换衣服。

当顾客带衣服进入试衣间之后，射频识别标签就会通过试衣间内的天线，将该件衣服的相关信息，比如尺码、颜色、款式等显示在悬挂于试衣间墙壁的触屏显示器上。

　　当顾客感觉自己所试穿的衣服大小不合适或者颜色不适合时，可以借助触摸屏点击选项来看一看，店里面还有没有其他尺码和颜色的同款衣服。当顾客发现了更加适合自己的颜色和尺码，不用自己到外面寻找，只需要按一下按钮，将自己的要求发送到店员的手机屏幕上，就可以让店员帮忙把自己挑中的衣服拿过来。

　　不仅如此，个性化的试衣间还能很好地记录下顾客的动作。体感式传感器、可调节灯光、触摸屏以及客户是否成交的记录也会快速反馈给店员。

　　如果没有成交，则试衣间就会在线下发邮件给客户，向客户提供他们的意向产品何时会有货的信息。

　　三星还生产了一种镜子，能够让用户看到自己试穿衣服、鞋子和佩戴饰品的样子。在一次科技展览中，三星还跟著名的珠宝公司周生生展开了合作。当用户走近虚拟的镜子前，就能够看到戴在自己身上的虚拟的项链。

　　这就让人们看到了一种新的可能，只要使用该镜子的用户，就能够在自己家里对着镜子挑选珠宝了。

　　这样一来，一方面减轻了人们担心买到货物不合适的顾虑，另一方面也给消费者提供了更多选戴的空间。同时，还减轻了实体店销售高峰时，店员服务不及时所造成的客户流失问题。

不要以为这只是科幻大片中才会出现的情节，在科技日新月异的今天，这些场景正在慢慢地变成现实。

　　对于任何企业来说，其最高的境界就是能够与顾客用心交流，当我们能够用一颗真诚的心为顾客考虑的时候，顾客就会感到温暖，就会被感染。想顾客之所想，急顾客之所急，这才是创新的根本所在，也是企业在激烈的市场竞争中立于不败之地的关键所在。

6

现代智能商业突围之商业智能化体系设计

> 商业智能时代,有哪些关键的设计方案会帮助企业从激烈的市场竞争中突围呢? 主要有这样三类:商业街智能化系统方案、大型商场智能化系统设计以及商业智能 Wi-Fi 方案。
>
> 掌握了这三种设计方案,就能够让自己的商业策略与智能商业更好地接轨,赢得企业更好的未来。

6.1 绿色、节能,让商业街更加智能化

随着时代的不断发展与进步,全新的黑科技,正无处不在地影响人们的生产与生活。当我们走进一条商业街,在 Wi-Fi 覆盖的环境下,通过大数据的反馈,商场的店员就可以知道用户的兴趣爱好是什么,消费意向是什么。进而在顾客未曾进店之前,就已经对客户的购买数据与购买需求有所了解,最终达成更多的交易。

从 1995 年雅虎在纳斯达克上市这个互联网的标志性事件算起,互联网已经有了 20 多年的发展历史。在这 20 多年中,互联网给人们的生产、生活带来了意想不到的变化,这种变化超乎人们的想象。

从互联网到移动互联网,再到物联网与人工智能,智能似乎是无处不在的。

而现在的科技也是长江后浪推前浪,大数据、云计算与智能化这些科技的变化,给企业带来了全新机会的同时,也带来了全新的挑战。

今天我们所经历的技术变革已经远远超越了最初的工业革命。众所周知,在工业革命发生的两三百年时间里,人们创造的财富已经超过了人类过去几万年积累下的财富。

所以,我们不难想象,在未来的智能商业时代,借助着大数据、云计算以及物联网技术等,我们将能够创造出更大的价值。在未来,那些能够获得快

速发展的企业,也必定会是万物互联、人工智能无处不在。

在电商企业中是如此,在传统企业中也是如此。让商业街智能化就是其中非常重要的一个设计环节。

2016年12月,高科技互联工业企业霍尼韦尔与金鹰国际集团签署了战略合作协议,将重点围绕楼宇自控系统、建筑节能改造以及商业地产电力需求侧的智能化管理展开相关合作,推动部署绿色、安全与节能的智能商业街解决方案。

霍尼韦尔和金鹰国际集团,在智能化建设领域都处于领先地位。

此次合作,是霍尼韦尔在全球范围内部署的最为领先的智慧建筑解决方案之一,同时,双方的合作,也正式开创了国内首批商业综合体朝着绿色建筑全面升级的"智慧建筑"先河。

通过智能化的管理需求,可以帮助工业设施降低15%的耗能,商业设施降低20%的耗能。作为霍尼韦尔的合作伙伴,金鹰国际集团在高端房产开发以及高级时尚的百货及大型商贸流通等领域都拥有领先的优势。同时,其丰富的地产开发经验,也让其在地产运营中占尽先机。

在智能商业开始盛行的今天,地产集团和更多的互联网企业展开合作,在智慧领域进行更多的创新与合作,就能够实现双赢,更好地实现企业的商业价值。

金鹰国际集团董事长王恒在谈及这次合作的时候,也表示"绿色与智慧是未来商业地产的主要发展方向,也是金鹰集团在进行项目开发和管理时所秉承的理念。"

而霍尼韦尔在智能电网、楼宇自控、安防消防等领域所具有的技术,在全球范围内都是领先的。

霍尔维尔与金鹰国际的合作,让我们看到了商业街智能化设计的更多可能。将更多的创新技术以及产品和专业的经验引入商业地产之中,就能够给用户创造出更加绿色、环保的商业环境。

商业地产与互联网企业的合作,其中最关键的要素,就是智能互联网技术的成熟。在商业街智能化的系统方案中,智能互联是推动双方合作的重要驱动力。智能互联网的大发展,以及各种信息技术的成熟,将在节能环保领域贡献出巨大的力量。

在智能商业化时代,楼宇和建筑领域已经成为互联网技术与绿色技术应用的重要平台。

霍尼韦尔作为全球范围的智能化领先企业,在全球范围内已经为1000万栋楼宇提供了智能化解决方案,给更多人的日常工作、生活以及休闲场合提供了安全、环保、节能、舒适的环境。

业内人士曾经这样说,万物互联不仅仅是一场技术革命,也深刻地影响和改变着人们的行为与思维。人们的衣食住行以及场所等等,也都在朝着更加智慧、万物互联的方向发展。

而在这个过程中,对中国建筑行业的节能要求以及舒适性要求就成为绿色建设领域的重头戏。

在节能建设要求中,减少楼宇能耗,是城市电力需求迫在眉睫的一个要求。而霍尼韦尔在做的事情,就是做节能。在其所完成的项目中,大约有50%以上的项目都与节能有关。

ADR电气技术解决方案能够有效地实现供电侧与需求侧的电力协同,实现电网与用户电力流、业务流和信息流的实时互动。并且通过智能化的互动管理,对波谷与波峰的电力需求进行平滑,然后再将成千上万楼宇中的电力负载进行消减,进一步达到一种虚拟电厂的效果。ADR电气技术与智能商业体系相融合,不仅能够极大地为企业缩减成本,而且也能够更好地提升用户的购物体验。

与此同时,在商业街智能化建设中穿插城市建筑的楼宇自控系统、火灾报警系统、安防系统以及合同能源管理等产品解决方案,就能够让商业街的发展更加充满现代气息,更加接近智能化的发展方向。

伴随着商业街智能化系统的不断推进,更多的商业建筑将能够实现智能化、信息化以及可视化等个性化的诉求,让人们的生活更加智能,让企业的营销也更加方便。

6.2 大型商场智能化系统设计

随着智能化的不断推进和新兴电子商务的崛起,传统的大型购物广场会不会被淹没在时代的洪流中呢?专家这样说,只要传统的大型商场能够跟上时代的步伐,与时俱进,就能够顺应趋势,完美逆袭。

在智能商业时代,大型商场明显也需要向智能化靠近,让商场的设计更加智能化,完善商场的智能化系统,给客户更加舒适的购物体验。

比如,河南省开封市万博时代广场项目,就很好地融合了大型商场智能化系统的设计理念。

万博时代广场的总建筑面积达到了70382平方米,项目的整体设计既融合了开封的千年古韵,又加入了一些极富现代感的流行元素。

设计者的初衷就是要打造出最具特色的国际性地标式商业建筑。同时,该地域还是开封名胜游览的必经之地,设计者也有意想将此广场打造为旅游商圈的核心。

万博广场不仅仅是当地购物消费的中心,更是当地商业地标性的建筑,这就让设计方在设计整体的智能方案时,始终秉持着这样的设计理念——"将该项目打造成吃喝玩乐购一站式的服务平台"。

在这个一站式的服务平台中,融合了多店铺、多功能与多业态的需求,同时,将时尚、现代、影响力等设计目标以及电商思维等融入商业模式之中。

在设计过程中,设计者还将大数据经营理念与O2O等最新思维融入其中,在保证购物中心正常运营的同时,让智能系统可以更先进、更便捷。

对于大型的商场来说,如何更巧妙地融入智能化的设计系统呢?可以从以下几个方面入手。

第一,加入客流分析体系。

客流分析体系是大型智能商场"智慧"的基础。为此,商场可以在每个入口处设置一个统计摄像机。

这个摄像机一方面要具备联网功能,既能够对商场周围环境进行安全监控,同时还能够有效地抓取用户的各项数据,并对这些数据进行分析对比。另一方面,通过多种直观的图表形式将这些数据进行展现,然后将某个特定时间段或者通道内的顾客数据导出,与收银系统完成对接。

由此,商场就可以快速地了解购物人群的各项属性,对人群的转化率快速统计,为管理层的决策提供最客观的数据支撑。

对所有的大型商场而言,客流分析体系不仅仅能够为商场提供数据支撑,同时还能够提供提示功能。比如说,当商场的客流量超过预定的数量之后,客流分析系统就会对监控中心发出预警,管理人员就可以根据现实的情况,采取相应的措施。也正是因为如此,客流分析系统也就成为商场安保系统的重要组成部分。

第二,融入智能交通管理体系。

在大型商场,停车问题一直都很让消费者头疼。如果停车场的入口车流多、压力大,这就会极大地影响消费者的购物体验。

所以,在进行大型商场的智能化系统设计的时候,就需要充分融入智能交通管理体系。

首先,要结合所需要设计项目地下车库的特点,分析和预测该商场停车场出入口压力的大小,并且使用"车辆识别管理+区位引导+二维码反向寻车"等全新科技来解决车流入库以及车库位置不够等问题。

与此同时,车辆在驶入的过程中,无须取卡,就可以一来加快入场速度,二来避免车主因为将卡片丢失而带来的麻烦。如果车辆能够连续同行,进场的速度就可以达到每小时 2400 辆。

使用这个方案的话,车辆的通行速度就会是最快的,同时还能够满足车主快速找到车位以及反向寻车(即根据车子定位、车牌识别等技术,帮车主尽快找到车位)的基本需求。

停车场是大型商场重要的配套设施,它不仅要承担起基本的停车功能,还要能够与商场内的商业运营管理形成有效的呼应。

很显然,当设计者能够在权衡客流吸引力度和停车周转率的情况下,制定出相应的停车优惠,成功地吸引客流,就能够有效地达到吸引顾客购物消费的目的。

所以,商场在进行智能化系统设计的时候,在智能交通管理体系中,就可以融入反向寻车功能,将车辆信息与商场的微信二维码或者是 App 进行绑定。这样一来,不仅能够满足消费者基本的需求,还能够增加与客户互动沟通的方式,让购物中心更加了解客户。

当然,大型商场智能化系统设计方案中,还可以加入一些智能化的场景设计。比如,对顾客的购买消费记录进行分析,归结出客户的兴趣爱好,根据客户的兴趣爱好对客户进行产品推送等。

等智能化发展成一种趋势,各大商场都开始采取智能化系统运营的时候,那些跟不上时代的商场就会渐渐被淘汰,在时代的洪流中没落。所以,智能化系统设计已经成为大型商场与智能化商业时代接轨的一个关键点。传统商场能否跟上时代的步伐,就看商场转型的速度是否够快。

6.3 商业智能 Wi-Fi 方案

科技发展到今天,互联网已经成为我们生活中重要的组成部分。借助互联网,我们可以做很多事情,比如,做微商、开电话会议、进行网络营销等。当然,在这个过程中,就必须提到智能 Wi-Fi。

智能 Wi-Fi 是基于互联网平台的联网设备,通过这个设备,我们就可以在 Wi-Fi 覆盖范围内实现联网。

随着智能商业时代的到来,信息化不断加速,无线网络也已经进入一个高速发展的阶段,并且像有线网络一样,变得无处不在。

商场对无线网络进行部署,就可以使自身成为一个能够提供高端互联网接入服务的商业机构,从而变得更加趋近于现代化,更加适应时代发展的潮流。

然而,目前虽然很多商场都在加快布局无线 Wi-Fi 的脚步,可是,绝大多数商场却存在着这样的情况——商场内的网线错综复杂,很多已经面临老化与被淘汰。所以,如何快速地在商场内搭建出更加便捷、更加智能化与人性化的互联网平台,就是商业智能 Wi-Fi 设计方案需要解决的问题。

毕竟,对于现代人来说,网络已经成为他们生活中必不可少的一部分。很多客户在逛大型商场的时候,休息之余也都会刷手机,从而获得休闲娱乐的享受。很显然,有线网络无法满足客户的这种需求。

从这个角度上说,无线网络的崛起恰逢其时,给商场的网络带来了全新的接入方式。

无线网络不需要进行布线安装,只需要安装好无线设备,就可以让进入无线网络覆盖地区的客户享受到无线网络所带来的便利。

具体来说,如何设计呢?

首先,需要增加无线网络 AP、无线控制器以及认证的网管。这样一来,网络机构就能更加层次化,交换机再通过端口的隔离或者是划分 VLAN 技术实现不同的网络用途。

此外,我们还可以根据商场楼层的实际布局,在每层楼都架设数量不等的无线 AP。架设区域可以包括商场的购物区、商场的办公室或者是商场的仓库区等。

当商场能够完成设备的无盲区覆盖之后,就能够给用户提供更好的覆盖效果,有效地解决单台 AP 并发时,接入用户数量会受到限制的问题。

当然,商场还可以开启 Web 认证功能。当用户通过商场的网络认证之后,就可以使用商场的无线网络。同时,有了认证功能,网络管理员也可以更好地对无线网络进行有序管理。

通过这种认证,普通的商场用户成功登陆之后,商场就可以通过数据分析,对用户展示不同的推送内容。比如,可以发送商场的最新优惠资讯等。这样,无线互动营销的通道就能够被充分地利用起来。无线功能与 Web 认证功能就获得了完美的组合,大幅度地提升了无线网络的安全性能,同时也极大地提升了商场的无线网络营销效果。

需要注意的是,在网络管理方面,如果需要对内、外的用户进行认证管理,就可以通过网络认证管理服务器来进行;如果不需要,则可以通过加密的方式来进行安全方面的认证。

借助着安全网关让顾客顺利登陆商场网络,就不会有某个客人独占宽带的情况发生,也不会产生某些顾客无法正常访问网络资源的尴尬局面。

对于商场而言,部署出一套智能的 Wi-Fi 方案,就能够实现顾客当前的需求,让顾客能够随时随地处于轻松上网的愉快体验中。如此一来,商场的知名度、先进度都会获得极大的提升。

在商场的智能 Wi-Fi 方案中,至少应该包括以下设备。

第一,无线接入的 AP。

无线接入点设备(Access Point),主要负责无线终端用户的接入与网络传输。比如,某大型商场在布局无线覆盖的时候,就采用了支持 802.11/b/g/n 的 AP。

第二,无线控制器。

无线控制器主要用来集中控制和管理所有的无线 AP。从理论上讲,无线控制器可以在网络的任何位置进行部署,只要与 AP 能够进行通信就可以。

然而,考虑到数据流的问题,为了保证数据流的低延迟与高可靠性,最好是将无线控制器挂在核心交换机上。这就无异于给核心交换机添加了一个无线控制的功能。无线控制器与核心交换机相互配合,就能够有效地完成网络内的 AP 统一管理与控制工作。

第三,认证网关。

认证网关一般都是由科技公司研发出品的认证计费产品。如果配合高性能的工程级别硬件,就能够实现庞大用户的接入,达到有线无线互补的目的。一般说来,认证计费网关具备品牌价值传递、广告展示、认证方式多样、账号管理灵活等功能。

同时,这些计费认证网关,还能够让管理者与第三方账号管理系统、短信认证等实现无缝对接。

认证网关精确的计时计费、分时段计费功能受到了不少智能建筑设计者的喜爱。比如,在一些酒店、宾馆、车站、公园以及商场等场合,这种认证网关就已经在渐渐普及。

综上，不管是大型商场、宾馆、酒店还是一些其他的商业机构，利用Wi-Fi全覆盖之后，就能够让自身的管理更加便捷，经营更有效率，更好地适应市场的发展趋势。

7

电子商务中的智能化应用

从 PC 电商到移动电商再到智能电商、体验电商,在科技的推动下,电子商务领域的每一次进步都在刷新着人们的认知。日新月异的黑科技,正如科幻大片中所展示的那样,正在慢慢地改变人们的生活。

7.1　商业智能化如何推动电商发展

提起电子商务,大家都不会感觉到陌生,在过去的几年里,每逢"双十一",很多电商平台就会展开激烈的竞争。价格战、各种优惠政策,让不少消费者在这个疯狂的节日里,糊里糊涂就买了一大堆的东西。

对最受消费者欢迎的电商平台天猫来说,它每一年都在刷新着自己的交易额纪录。然而,从资本投资的角度来分析,"双十一"顾客的消费其实有很多是非理性的透支。

每每"双十一"之后,就会有不少"剁手党"开始抱怨,商家库存不足、快递高峰、虚假刷单、货物退换率高等,这些问题都显示出"双十一"的销售盛况不过是虚假繁荣。

有人对此发出了疑问:"未来双十一的增量空间在哪里?是不是已经到了发展的瓶颈?"

根据天猫这些年的销售数据分析,在2014—2016的三年,天猫"双十一"的销售额增量分别是293%、165%、63%,从这个销售的增量上来看,天猫"双十一"的销售速度明显开始变缓。这其实也就预示着人们的消费理念已经渐渐回归到理性。

不过,通过总结这几年"双十一"电商平台的销售盛况,我们不难发现这样一些亮点。

☆ 在阿里近 600 亿元的成交额中,移动端的交易额达到了 243 亿元,占比达到了 42.6%。而京东的移动端、微信端、手机 QQ 购物等电子商务平台在全线发力的情况下,占比也达到了 40% 以上。种种数据表明,电子商务正在进入一个移动智能的时代。

☆ "双十一"活动的玩法变得越来越多,除了全场包邮之外,还增加了一些趣味小游戏。比如,明星互动、自动秒杀、汽车抢购、红包等。在京东购物平台上,甚至还引进了一种黑科技——微软的人工智能管家"小冰"。

"小冰"通过对用户聊天数据的挖掘,能够挑选出最贴合用户需要与喜好的商品。智能小管家通过将大数据技术、人工智能技术、网络购物完美融合,让用户的购物消费变得更加趋于智能化。

☆ 伴随着直播的火热,电商平台也开始推出了视频电商计划,想要在线上带给大家一种逛街式的购物体验。虽然目前来看,这个想法似乎有些难以实现,但是,随着智能化的不断发展,3D 模拟场景的成熟以及 4G 网络的加速覆盖,线上的电商平台成功超越线下门店并不是一个梦。

商业智能化推动着电子商务领域的发展,主要得益于这样几个方面。

第一,移动电子商务时代到来。

最近的几年里,移动支付领域先后出现了支付宝以及微信支付等支付方式。在社交领域,微信、来往、易信等社交软件也争相要圈得用户。在搜索领域,百度直达号、企业公众账号等一站式的比拼,也再一次向人们展示了这些企业想要在移动电商领域布局的决心。

从历年"双十一"的消费数据来看,消费者正由 PC 端慢慢向移动端转移,移动端消费数据高峰的时候,流量甚至达到了 PC 端的两倍。

智能手机的盛行、移动互联网时代的到来,让人们随时随地都可以进行联网,不管身处何地,只要有网络,就能够在手机上做许多事情。坐车时、躺在床上时,甚至是逛街的时候,这些碎片化的时间都可以用来进行网购。

以前,由于网络安全支付存在隐患,并且在通信的流量速度以及资费方面存在着一些问题,人们将大部分的注意力都放在了手游、新闻、社区等内容上,在能够创造商业价值的环节上人们反而做得非常保守。

现在,伴随着支付宝、微信支付的崛起,人们网上购物的便利性以及安全性获得了一定的保证。人们在碎片化时间里的消费能力开始被唤醒。

与此同时,移动端的电子商务平台,还具备分类清晰、页面简洁、使用舒适、一键搜索即达等优势。相较于 PC 端,消费体验就显得更加舒适,其中最关键的是,消费者可以随时随地进行浏览,消费随意,安全性更有保障。从这个角度上讲,在不久的将来,移动电商取代 PC 电商就不是不可能的事情。

第二,智能化已经成为电子商务发展的新趋势。

在很长的一段时间,人工智能都是比较流行和新潮的说法。相比于传统的领域而言,人工智能是一种研究、开发用于模拟并且延伸和扩展人的智能的理论,是一门极具挑战性的学科。

随着时代的不断进步与发展,越来越多的人工智能产品也开始被应用到电子商务领域。比如,IBM(国际商业机器公司)的超级计算机 watson、微软发布的人工智能管家"小冰"、Facebook(脸书)推出的人工智能实验室等,都在大力地推广人工智能技术。

当人工智能与电商完美融合,将会给电商带来怎么样的改变呢?

以微软"小冰"为例。微软"小冰"自从上线以来,就一直受到各方的持续关注。微博、米聊、易信等都与"小冰"展开了积极的合作。不仅如此,这个人工智能领域的新宠,还跨界到了电商领域,与京东移动端展开合作,通过与微软公司开展合作智能化的分析,帮助客户提出最靠谱的建议。

简单举个例子,当我们需要在网上选购一台电脑时,通常的做法可能是先去找电脑的型号,然后找 CPU 的型号,再去搜索摄像头等小部件。当找到中意的商品类型之后,再查看评论、销量、商家信誉等。整个过程烦琐,且不专业。

有了微软"小冰",这个问题就能得到很好地解决。它创新性地将电商的大数据科技与人工智能进行了融合。在后台,"小冰"将京东数万个类目的商品信息进行匹配。有了这些大数据基础做支撑,消费者在进行咨询的时候,"小冰"就可以顺利地帮助消费者答疑解惑,给予消费者最贴近他们需求的指导。

同时,"小冰"还可以通过聊天式的问答,综合用户的基础信息、兴趣、购买意向以及疑惑等信息,机智地进行导购。

因为技术的限制,微软"小冰"与京东的合作并没有在全平台普及。从用户的体验来看,"小冰"的出现很可能仅仅只是一种趣味性的交互体验。从当前的购物现状来看,很多用户的购物习惯在一时半刻可能并不容易更改。这就需要电子商务平台在挖掘用户的兴趣、爱好、需求等数据方面多花费一些功夫。

但我们不可否认的是,京东引进微软"小冰"的这次尝试,是移动电商时代京东在人工智能领域的一次有益探索。同时它让人们看到了人工智能与电子商务相结合所产生的更多可能性,比如,"闺蜜式的导购"就能够极大地满足消费者的个性化需求。

当智能化遇上了电子商务,当科技与科技发生碰撞,注定会擦出精彩的火花。在这个过程中,不管是人工智能技术,还是电子商务技术,都需要不断地磨合与提升,才可能会创造出一个更加美好的商业智能电子商务时代。

7.2　电子商务的发展对智能商业的要求

随着智能化的不断推进,各式各样的智能设备层出不穷,这也让电商营销渐渐玩出了新花样。

就以 2016 年的"双十一"为例,在这场不见硝烟的营销之战中,各个电商平台在送电子购物券、送货方式、直播造势等方面,都涌现出了不少新鲜的创意。

电子购物券的玩法,在平台的创新思想下变得更加多样化。自然,商家玩出新花样的结果就是用户被购物券迷得眼花缭乱,结果就导致了过度消费。

以天猫商城为例。在"双十一"活动期间,用户只要在特定的时间进入多种入口,就可以参加互动抽奖活动,还有机会获得"双十一"的购物券。在结算的时候,购物券还可以跨商家按照总额抵用。

当然,在这个高度智能化的时代,对于电商平台而言,送优惠券只能算是小打小闹,很多电子商务平台顺应智能化发展的趋势,已经开始了对智能化的深入探索。这主要体现在订单派送方面。比如,京东就开始尝试无人机送货。虽然这个提议饱受怀疑,也没有大面积地铺开,但仍旧吸引了不少人的关注。

通过无人机送货,就可以避免因道路拥堵造成送货不及时的状况发生,并且配送的时间还能大大缩短,京东到家甚至敢提出"一小时生鲜到家"的口号。

再有就是营销方面。

比如,阿里巴巴就在平台上推出了"Buy＋频道",通过直播的方式来展开营销。该频道上线的第一个小时,就有将近 3 万名消费者戴上了 VR 眼镜,涌进频道尝鲜。尽管有人觉得 VR 购物只是一个噱头,但是我们却不能否认,VR 购物的确有着无限广阔的未来,也有其尝试的价值。

在"双十一"当天,阿里平台一共组织了大约 6 万多场直播,累计有超过 7.7 亿人次关注了直播;京东在"双十一"前夕也开始着手组织直播,在直播中,京东的 CEO 刘强东甚至还亲自下厨烹饪大餐;国美 CEO 李俊涛在线上直播时,撒起了"红包雨"。

各位电商大佬对电子商务发展的重视由此可见一斑。针对电子商务目前的发展趋势,马云提出了一个"新零售"的概念,而这也是马云曾经预言的五大新趋势之一。马云所预言的另外四大趋势是:新制造、新金融、新技术与新资源。

在提出这个概念之后,马云坦言,电子商务只是一条通往河岸两侧的摆渡船,而融入了大数据、人工智能的全新零售模式将会在未来取而代之。

对电子商务领域来说,最让电商平台犯愁的就是物流问题。在移动互联网时代是这样,在智能商业化时代也是如此。如何打通线下的最后一公里,始终都是电商平台最关注和最在意的问题。

在智能商业时代,这个问题的解决似乎也有了更多的可能性。

在浙江的某个农村,电子商务服务点建设得热火朝天。县邮政局与商务局牵手,积极对全县各农村电商服务站进行了合理的布局与设备分配,根据周边的环境择优确定电商点进行建设。

在这个过程中,"邮掌柜系统推广""村邮乐购店建设"就成为重头戏。邮政局与商务局双方整合资源,充分挖掘出了邮政在农村的渠道优势，将小商超、村邮站作为承载物流最后一站的载体，将"网络代购＋便民服务＋普惠金融"作为农村物流的标配，为进一步铺好电商在农村落地的最后一公里打好基础。

在该村，"网络代购＋平台批销＋农产品返城＋公共服务＋普惠金融＋物流配送"已经成为农村电子商务一条完善的体系。有了这条完善的体系，物流服务在农村的最后一公里就显得不再是问题了。

对农村而言，电商发展的重要瓶颈之一就是物流问题，邮政电商所提出的"邮掌柜"项目，不仅弥补了物流在农村的先天不足，也为农村发展带来了新的希望。

在城市，智能投递也开始走进人们的生活。通过在社区安装"E邮柜"，住户只需要在触摸屏上点击"取件"，并按照提示输入手机号码的末四位，然后按手机上所接收到的取件密码输入，再点确认键，一个存有住户快件的储物柜就可以马上被自动打开。

安装"E邮柜"，极大地解决了用户上班不在家、无人收快递的问题，也极大地提升了快递人员送快件的速度。

安装这种智能自动取件设备，一方面方便了用户取件，一方面也让小区的物业、保安等工作人员从繁重的代收业务中解脱了出来。

智能化的大发展，让电子商务的未来有了更多的可能性。在购物的时候，有智能的人工设备帮助客户做出选择；在付款的时候，有多种在线支付方式；在快递到达的时候，有智能接收设备。

当电子商务体系中的各个环节都开始在智能产品的推动下不断完善的时候，一个崭新的智能电子商务时代也就悄然来临了。

7.3 电子商务中的智能商业解决方案

随着移动互联网的大发展，一些应用服务已经开始朝着移动化、场景化转移，构建于 O2O 生活服务基础上的业务开始渐渐兴起，移动电子商务由此获得了快速的发展。

据最新的数据统计，在出行领域，借助互联网打车的用户占比已经超过了 40％；在外卖领域，网络订餐的订单正在以 5 倍的增量逐年增长；在电影类业务中，利用互联网购票的比例也已经超过了 50％。

专家预测，随着商业机制的不断成熟，在未来的几年内，移动互联网的市场规模将会持续增长。移动互联网业务、移动终端以及用户的快速增长，为人与物的互联创造了条件。与此同时，大数据技术的不断完善，也让信息采集的成本变得越来越低，海量的数据被提取出来。

在"互联网＋"时代到来之际，"聚合"与"调度"也已经成为提升电商营销效率最为关键的要素。移动电子商务的发展，让用户更加频繁地生成大量数据，用户的一些交易数据、行为数据与位置数据开始猛增。这些数据的"聚合"就能让电子商务产生更高的价值；与此同时，借助智能化技术，对这些数据展开挖掘、分析与利用，就能够很好地提升现有的业务体验，对数据智能"调度"，有效地帮助商户、平台完善营销决策、资源分配，高效地解决用户与商户之间信息不对称的问题。

此外，在智能商业时代，新的信息技术的完善，为电子商务的发展提供了更多的可能。

第一，实时计算技术。

移动电子商务将用户、商户、支付系统融合进了一个系统之中，并且有效地完成了线上与线下的连接。在这个过程中，将会产生海量的数据，和PC端相比，移动端对数据的实时分析与计算都提出了更高的要求。

比如，对打车软件的调度系统、外卖软件的外卖系统等实时处理程序，就要控制在一定的时间内进行响应。通常情况下，响应的时间最好是以秒为单位，最快的响应时间甚至可以精确到毫秒。

很显然，那些传统的批量计算方式已经无法满足时代发展的趋势，必须要有专门的实时计算系统来代替传统的批量计算方式。

为此，互联网领域的领先企业百度还自主研发出了国内规模最大的实时计算平台——Dstream和TM。Dstream能够面对有向无环的数据处理流，满足那些对时效要求比较高的计算业务场景。比如，百度外卖系统的实时调度以及路径规划，就可以达到毫秒内响应的高运算速度。而Dstream平台的集群规模已经超过了前台，单集群最大处理数据量，每天可以超过50T，集群峰值为QPS193W/S，系统的稳定性与计算能力完全能够应对平台对海量数据时效性的处理要求。

TM同样也能够满足秒级到分级的响应，并且还具备了Transaction语义，即便是在平台发生故障的情况下，也能够保障那些汇入平台的数据不重复、不丢失，可靠性非常高。

这种能够满足低时延、高吞吐以及对数据要求非常高的场景系统，在智能商业时代正在受到广大电商企业平台的欢迎。

第二，智能调度与推荐。

当电子商务发展到一定阶段的时候，各行各业都开始搭乘电子商务这辆快车。餐饮业一直都被认为是利用互联网进行改造的较早的传统行业之一，其中团购与外卖等平台模式也堪称成熟。

在智能商业时代,外卖系统如何变得更加适应时代发展的趋势呢?

专家指出,外卖业务实现的关键就是要提升配置的效率,为用户、送餐员与商户创造更大的价值。在这个过程中,智能技术就变成了外卖平台之间最为关键的竞争力。智能调度与推荐系统,就是其中最核心的技术。

首先,智能调度系统。在外卖系统中,智能调度系统是最为重要的环节,主要包括智能派单与规划路径两个部分。

在以往,这个调度工作主要是由平台的调度员来完成。如果一个调度员一天能够调度 1000 单,那么想要实现一天 100 万单,就需要 1000 个调度员。很显然,这样的调度团队是非常庞大的。所以,想要让电子商务更加智能化,使用一个能够快速处理海量订单与数据的智能化调度系统,就显得非常有必要。

全自动、智能化的调度系统,不仅能够通过 LBS 位置定位对订单信息进行分析,还能够顺利地选择最合适的送餐员,使得整个送餐路径变得更优化。

其次,智能推荐系统。

在智能化时代,如果系统能够比用户更懂用户,显然成交的概率就会大大提升。智能化时代,移动电子商务需要把用户的需求与商家所能够提供的服务实现精准对接。所以,这就需要一款智能的推荐系统。

有了智能的推荐系统,就可以快速对数据、场景进行分析,迅速完成用户画像,当用户在不同的地域、时间段等场景出现时,就能够为其提供不同的商户与菜品,进而完美地满足电子商务系统生态产业链中各个参与方的需求与利益。

百度外卖的推荐系统一共包括六个部分,分别是数据处理层、商户建模层、算法层、策略层以及用户建模层与应用层。

商户与用户的建模包括了离线与实时两个部分。商户评级、适宜场景、商户标签挖掘与商户属性等构成了商户模型的离线数据;实时运力、实时库存、商户行为和运营数据等构成了商户模型的实时数据。用户长期画像以及用户短期画像构成了用户建模层的离线数据,购买场景分析与实时的用户画像构成了用户建模层的实时数据。

借助着推荐系统,平台就能够实现高效的实时计算分析,将海量的商户与用户数据进行综合,然后通过精准的画像与分析,制定出多样的推荐策略,从而将商户精准排序,实时推荐商户与菜品,提升交易的达成率。

7.4　智能商业在电子商务中的应用价值及未来展望

　　智能商业时代的到来,给各行各业都带来了巨大的改变,其中在电子商务领域表现得尤为明显。比如,借助 3D 模拟技术,用户在购买衣服之前就可以对自身体型进行勾勒,用户购买家具之前就能对房子的户型进行勾勒。在这个基础上模拟出来的真实场景,能够帮助用户更加有效、精准地选择自己中意的产品。又或者,电商企业借助视频直播的方式,将店铺的情况,商品的材质、大小以及款式设计、应用场景等进行现场模拟,让用户获得一个直观的三维体验。这样一来,那些电商大佬们所勾画的智能电商、视频电商以及体验电商才有更多实现的可能。

　　在几年前,马云曾经与王健林打过一个赌,马云说,10 年以后,电商在中国零售市场份额占不到 50%,就给王健林 1 个亿;反之王健林给马云 1 个亿。

　　马云的底气,其实就来自于对互联网这种颠覆式力量的自信。的确,从 PC 端到移动端,从移动电商再到智能电商、体验电商,科技的进步、互联网的发达正在一步步地改变着人们的生活方式与消费习惯。

　　互联网教父凯文·凯利在《科技想要什么》一书中这样写道:"作为整体,科技不是由线路和金属构成的一团乱麻,而是有生命力的自然形成的系统。"

　　这是什么意思呢？从字面意思上理解，也就是说，科技不应该仅仅只是一种理论，更应是一种能够呼吸的生命。换言之，科技需要智能化。

　　在科技没有普及之前，人工智能似乎只是一个伪命题，就像是摆在展柜里面的展品一样。可是现在看来，科技的进步已经改变了人们的生活习惯，人工智能正在融入人们的生活。

　　比如，O2O领域的个性化定制，当人工智能与个性化定制相融合之后，就可以根据季节、用户需求、用户意向品牌等，为用户推荐适合的款式，筛选用户最能接受的价格，挑选那些口碑最好的商品为用户做个性化推荐。当人工智能与电子商务完美融合之后，未来也就拥有了更多的想象空间。

　　智能化发展到如今的程度，与移动互联网技术的不断进步有着密切的关系。伴随着移动互联网技术的快速发展，电子商务领域所能够涉及的大数据、云计算、人工智能等多种技术的综合应用开始不断问世。技术研发能力的不断增强，是实现移动电子商务业务创新、商业模式创新以及资源优化配置的根本前提。

　　移动互联网技术的不断创新，实现了泛在连接和全面智能化的叠加。无所不在的连接与无所不在的感知，催生了大量的数据。这些数据，已经不再是单一的结构化数据，其中，非结构化数据也占据了很大的比例。

　　但是，需要我们注意的是，如果现有的技术手段不能将海量的非结构化数据与结构化数据进行整合与统一，也就无法挖掘出这些数据的巨大价值。而人工智能技术，则是顺利将这些数据的价值挖掘出来的一个重要研究方向。

　　当感知、计算与连接随处可见，人工智能在处理数据的时候，就能够实现实时性、准确性与完整性。数据驱动的创新以及应用是推动移动电子商务快速发展的重要推手，而且，这些技术手段的融入也能够有效地降低用户体验的成本。作为移动互联网电子商务最重要的推动力，人工智能不仅能提升"互联网＋"的智能化水平，而且还能够推动技术、生产、商业模式等方面的持续变革。

在智能化大发展的今天，苏宁与京东这两大电商平台，也展开了激烈的竞争。事情的起因是刘强东在自己的老家江苏宿迁看到了国美与苏宁的专卖店。而刘强东认为，这是京东的"耻辱"。对此，一直都很低调的苏宁不干了，表示自己厉害着呢！

不能否认，最近几年苏宁在电商建设方面的确是可圈可点，俨然已经成为电子商务领域中的一股新生力量。苏宁云商依托其线下的门店，开始对O2O零售平台发力。与此同时，它还悄无声息地在做一件大事——打造亚洲第一、世界前三的智慧物流基地＋雨花二期智慧物流仓库"苏宁云仓"。

这个智慧物流基地在2016年"双十一"期间，为苏宁暴增的订单量提供了坚强的服务支撑。

借助着大数据与硬件系统，苏宁云仓可以实现订单最快30分钟出库。

伴随着电子商务的盛行，快递的业务量与日俱增，而传统的物流行业已经无法再有效应对网购大军所创造出来的海量订单。此外，传统快递行业的快递成本一直居高不下，也是促成智慧物流仓库建设的一个重要因素。《中国智能物流行业市场需求预测与投资战略规划分析报告》显示，2016年我国社会物流总费用长年超过10万亿元，在GDP中的占比达到了18%。正因为如此，各大电商平台才开始纷纷致力于对智慧仓储与智慧物流的打造。

比如，2013年，阿里巴巴推出大物流计划，着手建立菜鸟智能物流系统，希望在5～8年内，打造出一个遍布全国的开放式、社会化物流基础设施体系，建立一张能支撑日均300亿元网络零售额的智能骨干物流网络。

而京东也成立X事业部，致力于布局智慧物流领域。这个部门囊括了全自动物流中心、京东无人机、京东仓储机器人以及京东自动驾驶车辆送货等智能物流项目。

从这些电商大佬的布局中，我们不难看出，智能物流已成为电商企业的"新宠"。在未来，电商企业布局智能物流，这不仅是对自身物流体系的升级，更是对市场竞争话语权的争夺。

综上，大数据、云计算以及人工智能的不断完善，衍生出了更多智能的电子商务应用系统，这就为电子商务企业的营销推广，以及商户的精准营销提供了方便。而智能物流体系、智能仓储体系的不断完善，也让我们对电子商务的未来充满了更多的期待。

8

高端现代制造业中的智能化应用

自从 2016 年"两会"召开之后,产业体系更新、产业布局变革、产业目标变化等等,都开始频繁地出现在大众的视野之中。越来越多的制造企业,开始寻求产业快速升级的途径与方法。

在这个过程中,智能化渐渐受到了人们的重视。新一轮的产业革命与技术创新型升级正席卷而来。

8.1 智能商业实现制造业转型升级

受到当前劳动力成本上涨以及资源环境因素的影响,全球的制造业都在面临新一轮的产业革命以及技术创新方面的转型。与此同时,国内外大环境的不断变化,让高端制造业也开始面临机遇与挑战。

技术发展以及模式创新,已经成为驱动各地制造业转型的一个重要方式。

在 2016 年全国"两会"召开之后,"创新、创造"成为一股不可阻挡的趋势,"中国制造 2025"也彻底吹响了中国"制造"向"智造"升级的战斗号角。在当前的形势下,发展智能制造业已经成为高端制造企业转型升级的一个重要环节。在国内,智能制造业的发展也渐渐呈现出了如火如荼之势。

全国"两会"结束之后,很多一线城市都开始将制造业的发展提上了日程。而这也成为地方"两会"的全新风向。智能制造还一度进入"两会"热搜榜,成为社会持续关注的焦点。

安徽地方会议提出在集成电路、太阳能光伏、高端数控机床、新能源汽车、生物医药及高端医疗装备、燃气轮机、智能机器人、语音等重点领域聚焦发力。

江西地方会议提出 2016 年推广智能机械 1000 台(套),培育

40 个智能制造试点示范项目、2 个智能制造示范区,建设一批"智能工厂""数字化车间"。

广西地方会议提出加快发展先进制造业,重点发展轨道交通装备、海洋工程装备、智能制造装备、新能源汽车等,力争先进制造业占全部工业总产值比重达 30%。

湖北地方会议提出重点抓好 50 家国家和省级智能制造试点示范单位,带动 1000 家企业实施智能化改造。

在这些地方会议中,集成电路产业被重点提及。比如,湖北就重点提到了要抓好国家存储基地项目的建设。

各地不仅重视制造业智能化创新,还先后发布了"十三五"规划。比如,湖北省发布了《湖北省智能制造装备"十三五"发展规划》,天津市发布了《天津市经济发展"十三五"规划》,新疆维吾尔自治区发布了《新疆维吾尔自治区装备制造业"十三五"发展规划》,等等。

从这些相关的政策以及各地所制订的规划来看,智能制造已经被各地提到高端制造业转型的一个关键位置。

针对智能制造业当前的发展现状,格力集团的掌门人董明珠发表了这样的观点:智能制造业就像一株幼苗,它的成长离不开阳光、土壤、水与肥料的滋养。规划、政策、技术与人才,就像是支撑这株幼苗成长的营养元素,有了这些因素的全方位支撑,智能制造业才可能会慢慢成长为参天大树。

当全球经济发展停滞不前时,智能制造业在无形之中就成为提振实体经济的一个突破口,因此备受国家的关注。在短短两年时间里,不管是中央还是地方,都为智能制造业提供了政策的支持。

在 2015 年,国务院发布了《中国制造 2025》,将智能制造确立为未来的主攻方向;2016 年国务院又通过了《装备制造业标准化与质量提升规划》,确保《中国制造 2025》能够顺利落地。

《装备制造业标准化与质量提升规划》对制造业的标准化进行了明确,

并提出了智能化升级方案,大力提倡"工匠精神"。

在 2016 年年底,工信部在世界智能制造合作高峰论坛上,提出了《智能制造发展规划(2016—2020 年)》。该规划提出了一个实现《中国制造 2025》的两步走战略。第一步,在产业智能转型方面取得明显的进步;第二步,顺利搭建起智能制造的支撑体系。

在两步走战略之后,我们所需要考虑的就是如何升级的问题。

首先,让"智能"贯穿企业生产经营的始终。

从当前智能化的发展趋势来看,智能制造已经成为世界制造业的重要发展趋势。在国内,已经出台了智能制造的相关政策,将智能制造业定位为国内制造业的重要发展方向。

权威部门所发布的全球智能制造发展指数报告将全球筛选出的 22 个样本国家进行对比,结果显示,中国的智能制造发展已经位于第二梯队。仅次于美国、日本等智能制造业比较领先的国家。

作为后起之秀,中国在智能制造方面存在一定的不足之处。比如在发展环境、要素支撑、发展基础以及制造业智能化应用水平等方面存在着一定的不均衡性。这就需要各相关方面加强对智能制造业建设的基础支撑。

在全球智能制造业席卷而来的大形势下,中国的制造企业需要加速转型,走出自己的特色创新之路,以技术研发为核心,不断提升中国智能制造的核心竞争力。

作为中国智能制造业的先锋代表,格力集团可谓开创了中国智能制造的先河。

在政策的引领与趋势的影响下,这些年,格力集团一直都在致力于研发核心技术,为中国制造业的发展引路。

工业 4.0 战略还没有被提上日程的时候,格力就已经开始朝着智能制造与智能化领域迈进。

自从 2003 年以来,格力就将自动化理念引入了集团内部。当智能商业时代到来之际，格力更是加快了在智能制造产业领域的布局，朝着智能制造、装备制造加速升级。

和其他的制造企业相比，格力有着一流的自动化生产线，还有着智能机器人研发团队。自动化设备、机器人、数控机床以及精密模具等全新的智能化业务，构成了格力的新势力。

在最近几年，格力电器更是将智能制造定位为未来的发展方向，全速朝着智能制造与装备制造转型。

现如今，格力在工业核心零部件、整体技术解决方案、精密加工服务等方面已经形成了一批中坚力量，这批生力军将会为国家供给侧结构改革提供新的支撑。

面对着蓬勃发展的格力集团，董明珠表示："当下中国的产能落后，供给侧的改革不能只是一句口号，也不能只是一个简单的产品升级，而是要从根本上来解决，那怎么办？首先是中国要拥有自己的模具技术和产品，其次是一系列生产所需要的技术保证，我希望把它扩大化，来共同推动智能制造的工业化进程。"

格力在做的事情，也正是我们国内每一个高端制造企业都应该去思考的事情。智能制造已经走向了世界，在这个关键的时刻，如何才能让自己的品牌更加优秀，如何才能够成功助推中国工业的升级，如何让中国制造走出国门走向世界，这是国内每个高端制造企业所要肩负的不容推卸的责任，也是摆在每个高端制造企业面前的必由之路。

8.2　工业 4.0 是智能制造的未来

工业 4.0 的概念，最早源于德国的汉诺威工业博览会。这个概念的提出，是为了支持工业领域内所展开的新一代技术革命，以保持德国在国际上的强大竞争力。

德国工业 4.0 概念的出炉，成为中德合作关注的焦点。立足于互联网、人工智能以及大数据等高新技术融合下的工业 4.0，对未来工业制造的发展有着颠覆性的意义。

自从工业革命开始，工业的生产与发展就充斥着诸多创新的元素，创新也成为工业发展过程中的根本方法。

伴随着信息技术的不断发展、知识社会的不断进步，网络、知识、服务与技术的泛化，以创新 2.0 模式迸发出的蓬勃生命力，开始推动着工业体系的加速发展与变革。工业创造新价值的过程被逐步改变，产业链的分工被重组，传统的行业界限被逐渐打破，并渐渐消失。各行各业开始展开跨行业的交流与合作。

创新 2.0 与智能生态城市发生激情的碰撞，所碰撞出的结果正是"工业 4.0"的发展方向。

工业的发展，促使着人们的生活方式也在不断地发生着改变。工业化进程的加速，也刺激着区域经济一体化、经济全球化以及世界整体化的进程不断加快。与此同时，全球能源问题开始变得突出，工业在高速发展的同时也面临着严峻的挑战。

当人均耗能开始呈几何倍数增长时，工业发展需要面临的问题也就变得越来越大。不仅仅需要面对成本上涨、产品生命周期缩短等问题，还需要面对环保节能等新型的发展要求。

也就是说，未来的工业4.0需要以绿色节能、资源高效利用的可持续发展为发展方向。

在当前的环境下，新一代信息技术的发展为工业的发展带来了全新的机遇，信息通信技术的融合与发展，催生了新的移动技术，比如普适计算、泛在网络等。云计算、物联网以及大数据等信息技术的大发展，也催动了创新形态的演化与知识社会的不断形成。种种条件的成熟，催生出了更加适应知识社会发展的创新2.0。创新2.0又反作用于物联网、云计算以及大数据等全新的信息技术形态，推动着社会的进一步发展。

而工业4.0的概念，正是在这个时代背景下产生的。换言之，所谓的工业4.0，实际上是实体物理世界与虚拟网络世界相互融合的产物，即将资源、信息、物品与人相互关联起来的"虚拟网络——实体物理系统（Cyber Physical System，即CPS）"。

在工业4.0时代，无处不在的传感器、嵌入式终端系统、智能控制系统与通信设施借助CPS形成了一个智能的网络，让人与人之间、人与机器之间、机器与机器之间、服务与服务之间能够相互关联，在横向、纵向和端对端的高度集成基础上，完成生产工厂向智能环境、智能工厂与智能生产的转变。

在工业4.0时代，智能工厂与智能生产已经成为发展的两大主题，也是实现工业4.0的核心要素。智能工厂主要是通过网络化、分布式以及具有一定智能化的生产设施形成智能化的生产系统。在这个过程中，企业能够顺利地利用人机互动、智能物流、3D打印等高科技让生产流程变得更加智能化，从而有效地支撑整个智能化生产的产业链条。

在这种生产体系下,每一个产品都可能是一个智能的终端,都可以在生产线上自行运转,零件与机器也能够顺利地交互信息。

在智能化时代,工业4.0体系下的生产线,就具备了信息存储、传感、无线通信等诸多集成化的功能。如此一来,产品在整个供应链中的全部信息以及生命周期自身的信息都可以被完整记录。此外,还能对自身的状况以及环境进行检测,在保证提供产品功能的同时,记录下用户个性化的需求。

在创新2.0的趋势下,工业4.0的核心其实就是动态配置的生态方式。

动态配置的生产方式也就是说能够为每位客户、每个产品进行不同的设计,完成零部件构成、生产计划、产品订单、生产制造、物流配送等相关环节,防止整个产业链条中出现浪费现象。

想要实现工业4.0的智能化生产,最基本的就是要建立一整套信息物流系统网络。这就需要借助物联网、移动互联网以及云计算等新兴的信息技术。这些连接虚拟网络与现实物理系统的技术,为工业化生产提供了无所不在的连接。并且在云端基础之上,实现了生产过程、供应链、用户需求等不同阶段数据的汇聚,成为数据分析挖掘的支撑。该网络汇聚了资源、信息、物体和人员,让他们实现有效的交互,从而按需提供个性化、智能化的服务。信息物理系统网络将封闭的生产工厂转变为一个开放、智能的生产空间。

和工业1.0、工业2.0、工业3.0相比,工业4.0的创新已经不再仅仅局限于工程的边界以内,创新的触角开始延伸到了客户端,几乎覆盖了工业的整个流程。智能制造背景下的工业4.0,基于现代信息技术的虚拟信息化网络、智慧研究以及智能技术,全面实现了与现实世界运行的有机链接、融合,使得整个生产过程成为一个有机的整体,为生产模式、商业模式、工业管理以及功效效能的提升,带来更加全新的机遇。

与此同时,各方协同也逐渐打破了各行各业的界限,从更大层面上推动着工业化的创新发展。在智能制造的背景下,工业4.0主要有这样几个发展方向:

第一，开放创新。

工业 4.0 将创新活动从工厂的生产空间直接拓展到了产品的销售、生产与服务的整个生产流程中去，这就有效地推动了全新的商业模式与合作模式。这些模式在一定程度上保证在整个产业链条中所有相关利益方都能够利益均沾。尤其是对一些中小企业而言，在工业 4.0 时代进行智能化的生产，更能保证其成为智能化生产技术的受益者。

第二，协同创新。

协同创新主要体现在企业内与企业外。在企业内，协同的工作方式让工作可以脱离工厂，借助虚拟、移动的方式展开生产，员工也可以拥有高度的管理自主权，更加主动和自由地调节自己的工作和生活。此外，伴随着工作环境与工作方式的转变，生产过程将能够吸引更多拥有不同背景、不同技能的人参与进来。这种协同工作的方式将会加速创新的步伐。在企业外，工业 4.0 可以使得产业链条上的不同企业，通过价值链以及信息网络完成资源的有效整合，促进各个企业之间的有效对接、合作，从而有效地降低产品的生产周期，提供更加及时的产品和服务。

第三，用户创新。

全新的虚拟网络，可以让更多的用户参与到产品的设计与服务的反馈当中来，这就有助于个性化产品的诞生。当产品的制作越来越趋于个性化的时候，未来产品就很可能会完全按照个人的意愿来生产，甚至还可能变成自动化、个性化的单品制造。用户也有可能从部分参与转化为全程参与。用户会出现在生产流程的两端，并且实时、广泛地参与到生产创造的整个过程中来。

工业 4.0 是智能制造的未来，而开放创新、协同创新和用户创新则成为未来创新发展的方向。关注个性化需求产品的设计，推动工业创新从生产范式到服务范式的不断转变，确保自身制造水平的不断提升，保持自身强悍的国际竞争力，就是各高端制造企业未来发展的必由之路。

8.3 工业化与智能化深度融合

随着智能化浪潮来袭,工业化和智能化被推到了风口浪尖。不管是德国提出的"工业4.0"概念,还是美国推出的"第三次工业革命",又或者是我国提倡的"中国制造2025",其本质都是互通的。其基本的核心就是运用信息化技术,全力推动传统的制造业以及服务产业转型与升级。

从历史发展的角度来看,工业革命主要有着三个基本的特征:第一,引进全新的产品与全新的生产方式;第二,在产业层面和国家层面上重新构建了竞争格局;第三,对劳动力以及基础设施建设提出了更高的要求。

在智能化大发展,智能制造业开始被提上日程的时候,工业4.0几乎已经成为我们这个时代的重要标志之一。工业4.0的终极目标就是要形成全新的生态体系,这也非常符合全国"两会"时所重点提及的供给侧结构改革。

而在这个过程中,智能制造是推动工业领域创新的关键之一。在智能化时代,智能制造包括全新的材料技术、制造技术、软件技术以及物流互联网、能源管理平台与系统等。

这样的智能化系统促使智能制造形成一个全新的社交网络。这个社交网络,跨越了人与人之间的沟通,完成了人与机器、机器与机器之间的沟通,彻底改变了供应商与客户之间的关系。这也让企业交易以及市场供求关系变得更加快速、灵活和自由。

换句话说,在工业 4.0 时代,人、物、系统的有效结合,让企业之间能够建立起动态、实时和自我管理的网络,实现对成本、效率以及资源消耗等多个维度的系统优化。

在这样的体系下,由于人口结构变化带来的劳动力供需以及能力要求就能够被重新分工。随着效率的提升与浪费的减少,企业的竞争力也就能够获得显著的提升。

然而,工业化与智能化相互融合的过程也并非是一帆风顺的。在这个过程中,有机遇也有风险。从过去的几次工业革命历史来看,每一次工业革命之后,生产力都能够获得极大的提升。在历史发展与变革的过程中,企业拥有了更大的机会,也将会面临不容忽视的挑战。

对于发展中的各企业而言,工业 4.0 时代的到来,将会给企业带来更大的效能提升。企业借助着科技的进步就可以进行更加灵活的生产,极大地缩短交货的时间,为客户提供定制化的服务,同时采取更加方便快捷的方式来对生产过程与客户信息进行跟踪。同时,智能化与工业化的大发展,还能够让企业更好地满足各类客户的需求,极大地提升自身的运营效率与盈利能力。如今,智能化在工业领域的数字化运营中的占比已经达到了 10%。

与此同时,工业 4.0 给商业模式与竞争环境也带来了巨大的挑战,企业的组织形式、生产流程以及能力要求都在发生改变,跨界盛行也给各行各业带来更多更有力的竞争者。

传统商业模式正在被慢慢颠覆,整个商业社会已经开始逐步转型。

在工业 4.0 的推动下,虚拟世界与现实的世界正在慢慢融合,人、机器以及生产资料之间相互的联系与沟通变得更加关键。

所以,计算机、自动化设备、软件以及网络通信等各个领域的创新科技就需要慢慢地交叉与融合。

比如,在未来,自主学习型机器人想要成功面世,就需要在人工智能、流程模拟软件、工业机器人、驱动系统等技术领域获得突破性的进展。不然,企业就很难适应工业 4.0 时代的发展现状与要求。

　　智能化与工业化的结合,已经成为当前智能化商业时代发展的一种趋势。在未来,大规模定制将会盛行,而工业4.0就是通过横向、纵向以及端到端的集成来满足大规模定制的要求。

　　在工业企业的内部,首先完成以柔性和效率为主要特征的纵向集成,然后完成以互联与协作为主要特征的横向集成,最后在横向与纵向集成的基础上,完成端到端的集成。

　　所谓纵向集成,就是在生产过程中,借助着自动化、信息化与网络化,大幅度地提升生产的柔性以及效率。只要企业自身有意愿并且愿意朝着这个方向努力,基本都能实现。目前在纵向集成领域中已经出现了不少较为典型的应用。

　　而横向集成,主要是要求产业链的上下游各个相关环节,乃至跨产业链条之间能够实现实时的交流以及沟通。

　　横向集成的企业主要包括两类:第一类是推动者处于原价值链上的主要位置,对上下游相关方具有较大的影响力以及掌控力。比如,电力、石油等大型的企业。这一类型的企业,在立足自身业务的基础上,会向着价值链的上下游延伸发展。第二类,推动者是价值链之外的第三方企业,一般多是那些信息服务企业,比如各类管理咨询企业以及信息服务公司等。这类企业主要为价值链上下游的企业提供一个交流和合作的平台,主要提供IT基础设施以及交易信息等服务。

　　在纵向与横向都集成之后,工业4.0就能够实现端与端的集成,而这之后,将会有大规模的高端定制将会呈现。

　　从目前来看,端到端的集成还处于构想期,但伴随着智能化的进步,已经具备了雏形。比如说,当前情况下,消费者对移动、信息服务以及通信娱乐等需求都是互不相干的,分别由汽车、搜索引擎以及手机等不同的产品或者服务来满足。然而,在端到端的集成环境中,消费者的上述所有要求就可以由一台带有通信、娱乐、联网并且具备无人驾驶功能的智能汽车来满足。

　　在全球范围掀起工业4.0热潮的时候,制造业的布局也将会被重新分配,制造业很可能会被重新分配到高成本、高劳动力素质的发达国家。

对此,我们不妨借鉴一下国外一些成功国家的经验。比如德国,最初是部分的智能化,后来演变成工厂的智能化,然后发展到产业链上纵向与横向的智能化,最后演变成体系的智能化。在这漫长的演化过程中,龙头企业的牵引以及中国创新企业的驱动,发挥着不容忽视的作用。

借鉴德国的工业化发展之路,我们最该做的就是建设关键的应用环境,为工业 4.0 的持续发展与推荐提供可运行的环境。比如,推进电力物联网建设、打造出物流 4.0 优化供应链管理的平台以及流程,大力发展云计算与大数据技术等。

从应用入手,推动工业 4.0 内部环节率先进行研发生产,最终,推动整个制造业体系的智能化升级;从应用到创造,开发出适合中国市场需求的智能制造系统,是摆在国内高端制造企业面前的一条必由之路。

8.4　运用智能去创造更灵活的生产流程

工业 4.0 的本质就是智能制造,智能制造的一个关键组成部分,就是让制造的流程更加灵活。流程型的智能化制造更加注重制造过程的在线优化以及精细化管理,而这也将会是未来智能制造业的发展方向之一。

在此,我们以九江石化为例,来简单地看一下智能制造业的主要流程。作为全国首批智能制造试点示范企业,九江石化从 2013 年开始就启动了智能工厂建设,并且形成了可以推广的智能工厂应用框架以及建设模板。九江石化的智能化发展成就成为流程型企业特别是一些石化行业智能化改造的典型样本。

在当前国内工业经济效益不景气、结构开始调整和转型升级的背景下,想要发展智能制造的企业,借鉴和学习九江石化的智能制造经验就显得非常重要。

接下来就让我们从多个方面来学习一下九江石化的智能制造流程。

第一,构建起智能化的联动系统,让管理、生产和操作能够更好地协同。

九江石化的智能化工厂从整体上分为三个层次:

第一是管理层。这一层主要是以企业资源计划(ERP)为主,涵盖了实验室信息管理系统(LIMS)、原油评价系统、计量管理系统、环境监测系统等。这一层的主要作用是对生产中的人、物以及数据加强管理。第二是生产层。这一层主要是包含生产执行系统(EMS)、生产计划与调动系统、流程模拟系统,借助这些系统,生成企业运行的数据库,包括管理层所生成的原油评价数据、分析数据以及各个项目在这一层所标下的具体操作指令。第三是操作层。该层主要包括产品的生命周期(PLM)流程模拟(RSIM)等,根据每日、每周的排产计划,来监测生产设备负荷、仪器仪表运行以及实时数据采集等。

第二,建立炼化环节的生产管控中心,实现连续性、智能化的生产。

智能制造的流程工艺往往是需要连续不断进行的,因此,九江石化在生产炼化的环节就增设了一个生产管控中心。通过这个管控中心,将生产运行、全流程优化、环保监测、DCS 控制以及视频监控等多个信息系统集合起来,融为一体。借助先进的信息、通信以及工程技术,将生产、安全、环保、质量以及工艺等实时的生产信息进行汇集与传递,通过对数据的整理与分析,制定出更为精细的生产安排流程,让整个生产的流程不再仅仅局限于某个单一的生产环节,而是成为一个数字化的操作集合。

九江集团在采用了数字化的生产管控之后,企业对各个环节的控制率提高了 10%,数据的自动采集效率达到了 90%以上,对污染排放的自动监控达到了 100%。

第三,建立内外协同的联动系统,保持数据连续性的精准传输。

要想保证智能制造的流程更为精准,就要保证生产过程中的所有数据能够得到及时准确的反馈。

对此,九江石化就设立了内外联动系统,让中控室与生产现场的操作能够实时互通。这样一来,当数字监控系统发现生产过程中的数据出现异常,或者是在日常监测中发现设备出现问题时,在外操作的人员就能够将异常的信息及时地反馈给中控室,中控室再根据整个生产流程中所运用到的运行参数、设备信息等综合数据,对当前的异常情况做出评价,给出最恰当的解决方案。在解决方案生成之后,中控室就可以直接向现场的操作人员发出指令,快速地解决其所遇到的异常情况。

　　该内外联动体系,需要接入移动终端设备、数字监控系统等数字化设备。借助着这个内外联动的体系,流程型制造企业的生产效率就能够得到大幅度的提升,从而有效地保证生产的安全与设备的平稳运行。

　　采用内外联动系统之后,九江石化的操作平稳率提高了 5.3%,操作合格率则提升到了 100%。

　　第四,采取智能仓储系统,让大宗物料与产品发货实现无人化操作。

　　在工业制造过程中,企业往往需要重视产品的重量与安全等因素,所以对仓储的要求相对要高一些。因此,九江石化就采用了物联网技术,建立了智能化的立体阀门仓库,在这个立体阀门仓库的辅助下,仓储作业、配货与送货的效率都得到了明显的提升。

　　产品出厂被发货之后,通过这个物联网技术,还能够实现铁路装车自动定位、密闭罐装以及流量远程监控等远程操作。

　　智能仓储系统,让仓储、配送、灌注与发货流程都可以在智能环境下操作,既保证了仓储的安全性,也提升了仓储管理的效率。借助着智能仓储系统,九江石化减少了 12% 的人员,有效地削减了人工成本,让生产的安全性大幅提升。

　　第五,搭建了协同一体化的管控模式,让各个流程都能够获得高效管理。

　　九江石化在朝着智能制造迈进的过程中,先后引进了 ERP(企业资源计划)、EMS(能源管理系统)以及先进的过程中控制技术,对管理层、生产层的信息系统实现集成,有效地完成了对整个生产运营过程的数字化管控。这些高科技的融入,就能够在生产过程中,有效完成对各项生产指标的预测与预警,为动态分析以及辅助决策提供依据。

　　在加入了数字化、智能化与自动化的运营管理模式之后,九江集团的生产优化能力也从局部优化开始朝着一体优化发展,由月度优化朝着实时在线优化迈进。借助着智能化工程的生产流程建设,九江集团的劳动生产率已经提高了 10% 以上。

从九江石化的智能化发展流程来看,高端制造企业在发展智能化的过程中,大致有这样几个着力点。

首先,谋划智能制造的顶层设计,加强全产业链条的协同。

在所有流程型的制造企业中,顶层的设计都是核心要素。流程型企业想要打造出智能化的工厂,就需要站在全局的角度,从整体层面上深入地研究和探讨,把握智能化建设的原则与规律,然后根据各自企业的流程以及生产的特点,制定出适合自身发展的个性化智能发展系统。

其次,重视数据,搭建出一个数据处理与信息集成中心。

数据是集成技术的关键所在,企业只有建立起数据中心,才能够利用数据更好地服务信息化的基础设施建设。

再次,引进智能化的技术与设备,夯实改造的基础。

在智能制造企业中,智能装备是支撑,流程型的企业在智能工厂化建设过程中,就需要引进大量的系统与设备。其中,物联网、智能终端、大数据等都是不可或缺的。这就要求智能制造型企业,在立足本企业原本基础之上,主动地完善智能化设备,以满足日益突出的智能化需求。

最后,对生产流程实现智能化管理,革新生产理念。

在智能化时代,优化流程已经成为摆在企业面前的重头戏。在工业4.0开始大发展的趋势下,企业的智能化建设就需要借助大数据技术,分析内外部的企业数据,为企业决策提供重要依据,在尽量减少人员干预的情况下,实现企业生产的自动化,最终完成工厂的智能化运作。

8.5 智能制造的典型案例

在互联网时代,科技日新月异,不少传统企业的经营经验在新的市场环境下开始失灵。不少具备远见卓识的企业开始积极地谋求转型。

然而,对于那些在传统经济条件下发展多年的企业而言,想要转型却并不是一件轻松的事情。

如何才能更好地朝着智能化转型,如何才能够更好地发展智能制造业?

在这里,我们不妨看一看山东知名的服装企业红领集团是如何一步步朝着智能制造企业迈进的。

红领集团曾以150%的年利润增长率震惊了整个服务行业。而红领集团之所以能够取得如此显赫的成就,与其采用信息化的手段有效解决了西服定制大规模生产难题有着不可分割的关系。

红领集团利用信息化技术在业内声名鹊起,这也吸引了不少知名企业的老总纷纷前来取经。海尔集团董事局主席张瑞敏就曾经让企业内的几百名中层以上领导分9次到红领集团去学习,联想、阿里巴巴和波司登等知名企业也纷纷派出高管前往红领集团借鉴经验。

和这些互联网巨头们动辄上千亿的年销售额相比,在2014年年销售额30亿元的红领集团似乎有些不够看。可是,红领集团150%的年利润增长率却是深深地震惊了所有人。

尤其是在整个服装界都面临着高库存、负增长的巨大压力的情况下,红领集团的逆势增长,无疑吸引了绝大多数人的眼球。也因此,红领集团利用信息化手段驱动产业生产的事迹渐渐被人们给挖掘了出来。

数据驱动大流水作业、C2M(顾客对工厂模式)……这些专业的技术用语基本都是红领集团CEO的张代理口中最常蹦出的词汇。

作为红领集团的领导人,张代理用13年的时间摸索出了一套C2M生产模式,将工业标准化的流水线开发成了可以进行定制生产的柔性生产线。

2016年,张代理穿着自家定制生产的服装参加移动互联网大会的时候,他只说了一句话:"C2M能够为企业解决什么?"

在红领集团的C2M车间里,一个缝制袖口的工位上,电子显示屏上会不断滚动着生产的信息,工人旁边还会有一个刷卡器。每件衣服的零部件商都会拥有一张电子磁卡身份证,上面记录着该款服饰的参数,一刷磁卡,关于衣服的所有数据就能一目了然。工人借助流水操作台,对用户的个性化定制信息进行识别之后,就可以根据每个人的不同尺寸进行服装定制。

C2M车间,是红领集团耗费了13年的时间,耗资近10亿元倾力打造的。自从这个车间投产以来,每天都会有不少企业负责人从四面八方赶过来参观红领的C2M车间。就连海尔的首席执行官张瑞敏也先后来红领集团参观过9次,还曾经让助理拿着自己的西装来红领集团修改。仅仅在7天之后,张瑞敏就收到了修改之后的西装。这个效率远远高于同行业30天才出产品的时效。

C2M车间的秘密是什么呢?

在一条流水线上进行服装的生产,工人不用加班,工厂也没有库存,供需没有渠道的分层,所有的生产流程都在数据的驱动下进行。管理实现了扁平化,科层管理也就不复存在。

红领集团的C2M定制工艺,也让不少的同行业者尝到了甜头。淄博有一家牛仔裤代理工厂,跟红领集团展开了合作,成功地改造出了一条生产线。结果,其毛利率从原来的1.5%一下子涨到了50%。

张代理在谈及这套生产工艺的时候，经常会提及大数据、SDE（Source Data Engineering，源点论数据工程）模式等。

红领集团的数据库至今已经储存了200多万个顾客数据，版型数据更是达到了上百亿的规模。

红领集团有个故事一直在流传。几年之前，张代理花高薪聘请来了一位有着多年量体经验的量体师，想要给红领集团研发出一套可行的检测标准。

然而，过了几个月，这位老师傅都没有研究出一个可行的标准。而张代理却慢慢学会了打板和量体，然后他就开始自己琢磨。在经过一段时间的研究与实验之后，张代理渐渐想出了一套三点一线的坐标量体法。通过测量人体的19个部位，只需要5分钟，量体师就能够掌握到准确合格的人体数据。

有了这些技术的支撑，张代理开始不断地检测生产线。一台德国进口的传送产品设备，最初每钩有6挂（衣服），后来，为了让设备更适应生产的需要，张代理先后将这台设备改造了两次，最终只剩下了两挂。这样的改动，让设备更加适应定制化的生产模式。

用13年的时间来做一件事情，张代理是认真的，他很笃信这样一个道理：不管做什么事情，首先要明白你想要什么。只有明白自己想要什么之后，才能更好地做事。

红领集团利用信息化技术改造生产线的案例很值得我们学习。在这个竞争日趋激烈的时代，如果你不积极地提升自己的制造水平，不提升自己的生产工艺，那么就会在惨烈的市场厮杀中被淘汰。

9

走在金融业最前端的智能金融

当整个市场都开始走向智能化的发展舞台时，互联网金融也不甘落后，开始搭上智能化的快车，向智能金融转型。

百度、苏宁等大型的企业都开始在智能金融领域展开了布局，想要在这个智能化高速发展的时代赢得自己的一席之地。

9.1 智能化时代,金融业的发展现状

在 2016 年,中国的金融业发生了翻天覆地的变化,银行业不良贷款率攀升、净利润收窄、公司营业收入下降;证券行业资管与投行业务增长、经纪业务占比开始下滑、A 股市场整体处于震荡形势;保险业推出了万能险、消费保险、另类投资与互联网保险;基金业务出现量化基金、大数据基金等收益较好的业务形式。

在这种种金融变革之下,供给侧改革渐渐引起了人们的重视,而且核心之一,就是金融改革。有效的金融改革可以降低企业的融资成本,有效地提升资金的利用率。

与过去相比,最近几年,以大数据、云计算以及区块链为首的新兴科技创新已经开始对金融业展开了全面的渗透,2016 年也因此被称为"智能金融元年"。用科技的手段解决市场上的供需矛盾、用机器来解放人力、以数据来为决策提供支撑的智能金融业务开始全面涌现,并呈现出了爆发式的增长。

从监管到市场,再从企业到个体,几乎所有人都在讨论如何让金融变得更加智能化与智慧化。

☆ 银监会最新发布的《中国银行业信息科技"十三五"发展规划监管白皮书》提出推进互联网、大数据以及云计算应用。

☆ 证监会主导建设证券期货行业数据模型,从业务流程出发,强化数据模型的应用,建立统一完备的资本市场多层次数据模型。

☆ 开通互联网金融信用信息共享平台,让数据能够更好地辅助普惠金融的发展。

☆ 央行开始积极探索数字货币与区块链应用,进行数字票据交易平台的测试,数字货币的发行被渐渐提上日程。

☆ 银行业开始主动探索智能化的项目,光大银行、建设银行和恒丰银行结合大数据技术、容器技术,启动资源池化私有云项目。

☆ 保险业展开了积极的探索,平安保险推出了金融云平台,阳光保险推出了区块链保险应用。

不仅如此,2016 年还被称为中国互联网金融的"监管元年",新金融诞生并获得了迅速的发展。

从最初的渠道升级,到现在的技术应用升级,中国的金融业寻找到了全新的发展思路与实践方向。

在产业供需矛盾日益凸显的今天,金融科技成为缓解这种矛盾的有效手段。与此同时,大众创业、万众创新也成为时代发展的一种趋势,在这种趋势下,以科技创新驱动的金融改革,能够极大程度地保证产业的升级以及经济的长期与可持续发展。互联网金融也首次被纳入了政府的工作报告之中,写进了"十三五"规划。在这种大环境下,政府、企业以及资本市场在金融科技领域的投入也都开始呈现出明显的上升态势。

2017 年,金融市场的内外部环境开始变得无法预料,未来,市场发展的不确定性将会是智能金融发展的一个关键因素。

国际上的形势也是变幻莫测。美国新一届政府出台的贸易保护主义政策、英国脱欧造成的不确定性、货币政策的分化与加剧、国际金融市场的波动以及美联储加息带来的流动性风险等,都将会是影响中国金融市场的重要因素,在一定程度上甚至会造成国内金融市场的动荡。国内经济发展不确定性开始加大,房地产调控、基础设施投资以及新产业投资变得泡沫化等因素,都在深深地影响着国内金融市场的发展。

在世界范围内,金融的流动性也是不可逆转的,这也就使得"资产荒"与"资金荒"成为金融市场的常见现象,合规的压力进一步加大。

在去产能、控风险与去杠杆的大背景下,监管金融风险是监管机构所要特别留意的重心所在。而在变幻莫测的内外部环境中,银行信贷、零售银行、基金财富管理、证券经纪业务以及消费金融、资产证券化也将成为各类金融机构突破重围、快速提升业务营收的重点。

有专家这样预测,2017 年,在宏观经济、市场环境以及监管政策三大因素影响下,金融机构将能够更好地拥抱变革,将谋求更好的转型发展当成新的业务突破口。借助着云计算、大数据以及人工智能技术,未来的金融机构将更加专业,更加具有新意,从而保证自己在激烈的市场竞争中处于不败之地。

9.2　大数据：智能金融不可或缺的要素

最近几年,金融科技加速发展,并迅速风靡全球,区块链、大数据、云计算、人工智能与物联网等技术的革新与进步,在金融业掀起了一场前所未有的变革,逐渐颠覆了现有的行业格局。

当大家都在热衷于谈论智能金融的时候,很多人都会不由自主地提出这样一个疑问:人工智能真的可以战胜人工,顺利地在金融领域分一杯羹吗?

从当前的形势来看,传统的金融机构正在朝着智能化方向迅速转型。有专业人士认为,现阶段是金融与科技发生第三次碰撞的重要阶段,借助人工智能这股东风,致力于发展金融科技的公司会比传统的金融机构发展得更加出色。

就比如智能投顾领域,盘点发展比较好的智能投顾平台,提供互联网金融、智能金融服务的公司占据了十之七八。

从智能投顾目前的发展形势来看,其正处于行业发展的初期,行业与产品的发展还有着很大的空间,不少机构与个人也对智能投顾未来的发展非常看好。

花旗集团曾做出预计,在未来的10年时间里,其智能投顾平台上的资产管理总额将可能达到5万亿美元,并以指数增长的态势迅速蹿升。

据权威的机构预测,到2020年,中国的智能投资顾问资产规模将会达到5万亿元,按照0.2%的管理费计算,该行业的整体收入规模将会达到104亿元。

也正是因为如此,智能投顾被称为人工智能＋金融的第一站。一方面,国内互联网理财的高渗透率、传统理财市场服务的空白、居民强大的理财需求等因素让智能投顾有了更好的发展条件。另一方面,这些基础条件所能够提供给金融机构的数据也更为单纯、更易操作。金融机构只要掌握了用户投资的风险程度,就可以对数据进行筛选,对用户进行合适的产品推荐,而不像保险那样,需要参考很多非金融领域的数据。

说起数据,智能金融的发展与大数据技术的不断推进有着不可分割的关系。大数据为智能金融机构提供了巨量的数据分析基础。

大数据通过一种全新的方式,完成对海量数据的分析与对比,从而获得那些有巨大价值的产品或者服务。因此,大数据被不少业内人士称为计算机行业内继云计算与物联网之后,又一次颠覆性的技术创新。

麦肯锡研究机构的研究结果显示,在未来,大数据将会通过各种各样的方式为我们这个世界创造出更大的价值。

传统的金融行业将会因为大数据技术的不断发展与进步而被彻底地改变与颠覆。未来的金融行业,其最底层的就是大数据,银行机构也将会变为大数据的集成商,证券机构则会演变为动态数据的提供商,保险机构则会演变为生命周期的数据开发商。

从现实的角度来看,那些零零散散却庞杂的数据,实际上是没有什么价值的。只有用大数据的建模分析技术,帮助客户唤醒更多沉睡数据的价值,才能让数据化运营更有价值。

在未来的很长一段时间之内,大数据都将会成为金融机构与公司提升自身竞争力最有力的武器。某些层面上来讲,企业与企业之间的竞争正逐渐演变成数据之间的较量。工业时代最引以为豪的厂房以及流水线,在信息化时代都将渐渐沦为服务器。

在这种发展趋势之下，不少金融领域的专业人士开始发声，提出了这样一个问题，在未来，人工智能会不会取代传统的人工？

从目前的发展情况来看，智能金融在中国的起步虽然较晚，可发展却很快。最近几年，大数据、云计算等先进的互联网技术更是被频繁运用到消费信用、投顾服务以及风险管理等领域。

与传统的金融机构相比，人工智能最擅长的就是对公开资讯进行提取、分析，然后为相应的决策提供依据。假设这些资讯不是来自于公开的渠道，那么人工就可能有击败人工智能的机会。

人工和人工智能相比，更擅长对经验、修为的学习，人工智能简单地复制与改良显然无法达到人工的效果。机器就算是能力再强也不可能完全取代人工，在情感的处理问题上，机器暂且还不能占据完全优势。

金融业的投资、分析、管控功能等相关业务虽然可以由人工智能来取代，但是与客户打交道的情感交流，机器显然是无法做到的。

所以，我们不难判断出，在未来，"人工智能＋金融"的全新思路应该是智能金融为主、人工服务为辅，让"人工智能＋金融"可以走出全新的思路。

9.3 互联网金融全面迎来智能金融时代

随着智能商业化时代的到来，有专家预言，互联网金融的下一站将会是人工智能＋金融。

从当前国内市场的经济发展形势来看，金融市场在宏观经济发展以及社会进步的过程中所发挥的作用也是不容忽视的。

在最近的这几年里，伴随着利率和汇率的市场化以及金融管制的放松，金融行业正在出现一个巨大的变化——互联网金融开始走上前台，成为金融行业的一个重要组成部分。

互联网金融市场的发展得益于互联网信息技术的更新与改进。自从2005年以来，网上银行、第三方支付、P2P网贷、大数据金融以及第三方支付理财等业务形态先后问世。在这个过程中，中国的金融行业也开始迅速发展壮大。截至2015年年底，金融行业的整体增加值在国内GDP中的占比已经迅速上升到了8.35％，一度超越了美国。

说起互联网金融的发展，一方面是因为经济进入了转型期，过去那些支撑经济发展的传统企业的存量资产在当前的形势下有了大量变现的需求；另一方面则是收益金融脱媒化所带来的资产利率差的再分配需求。与此同时，互联网金融本身就具备这一以用户为中心的金融产品和金融服务模式。而这恰恰是互联网金融能够迅速吸引到中低端客户的关键所在。

然而现在,互联网金融的发展却渐渐陷入一个瓶颈期,各种负面信息也开始层出不穷。分析其中的原因,无外乎互联网金融本身也存在一些无法调和的矛盾。

这主要表现为以下几个方面。

第一,普惠金融与投资高回报存在矛盾。

与以银行为代表的传统金融机构相比,互联网金融的一大竞争优势就是普惠金融精神。

所谓普惠金融,就是能够有效地解决中低收入群体的资产保值与增值需求的业务。比如,"宝宝类"理财产品、P2P 理财产品、变相突破投资者资格的理财产品以及类资产管理类的产品开始相继出现。

通过类似套利的方式,这种普惠金融既能够将原有基于垄断和半垄断性质所产生的高利率不断进行稀释,也会使得其本身多年以来的生存套利空间开始不断收窄。

当资产端的利率开始不断降低的时候,负债端支付给投资人的投资回报收益也会随之不断降低。

从当前互联网金融的业务发展情况来看,获得客户最重要的手段就是通过高回报来吸引客户的眼球。因此,低收益和高回报的矛盾就直接导致了行业的发展开始撞上了天花板。与此同时,大量的"庞氏融资平台"也开始披上互联网金融的外衣招摇撞骗。

出现这个现象最根本的原因,就是互联网今日虽然解决了金融的普惠化,却并没有从根本上解决产品的同质化。

第二,互联网金融的 O2O 模式与定价权之间存在矛盾。

目前绝大多数互联网金融平台所采取的商业模式,都是线下定价、线上销售的 O2O 模式,这种模式有着一定的优势,同时又有着极大的不足,那就是获取资产的能力不足。这就使得互联网金融行业的整体盈利能力开始遭受极大的威胁。

为此,以宜信为代表的互联网金融企业给出了这样的解决方案:在线下建立营业网点来获取资产,从而在某种程度上缓解资产端定价权下移的尴尬处境。

不过,需要注意的是,这样做不免会陷入传统金融机构重资产运营的老路。因此,线上线下的发展矛盾也是互联网金融发展过程中需要跨越的一个瓶颈。

比较靠谱的解决方案是借助征信业务和大数据业务来使互联网金融企业具备从线上获得资产的能力,同时从资产端获得定价的权利,进一步提升互联网企业的盈利能力。但是说起来容易,做起来却并不是一件容易的事情。从目前来看,仅仅依靠"互联网＋金融"还远远做不到。

第三,互联网金融风险隔离与用户抓取存在矛盾。

互联网金融平台最主要的作用就是提供信息的撮合,充当信息中介的角色,为投资者以及融资者提供交易撮合服务。

这其实也就代表着互联网金融平台所获取的都是无风险收益,不会提供信息担保以及兜底服务。

然而,在国内的经济环境、信用环境都比较恶劣的情况下,任何的互联网金融平台都可能会采取一定的方法对那些出售给用户的产品进行信用兜底。这就会增强平台本身与资产的信用风险隔离的难度。平台的竞争力或者说平台的获客能力就不会只由平台对自身的定价能力来决定,更多时候取决于平台本身的资质。

在这种情形之下,社会的违约风险看起来就会更大。

总体说来,互联网金融的崛起已经成为当前互联网产业的高速发展以及传统金融业的滞后发展相互冲突的产物。

互联网金融产品一方面要以去中介化的方式来投资金融资产,另一方面,还需要借助互联网平台来突破监管要求,为那些不特定的投资者提供高收益的产品。这种发展现状,虽然能够在一定程度上满足中低端用户的理财要求,提升金融业的服务水平,但是从客观上说,风险与收益不相匹配,也会极大地增加全社会金融系统的风险性。

9.4 "实时智能银行"诠释创新商业模式

当智能金融开始走进人们的生活之后,实时智能银行也渐渐受到了金融机构的重视。在广东湛江,就有一家银行走在了智能银行的前端,首先开始了银行智能化的变革。

该银行网点以客户为中心,依托先进的科技以及人机交互手段,能够提前知道客户的需求,为用户提供多维度、多空间的服务。

智能网点借助着智能化的管理流程,有效地实现了"去柜台化、科技智能、自助移动"等业务模式。

通过智能网点的智能化管理服务,客户在进行拜访之前就能够通过微信银行等电子渠道,在网上完成预约、预填单等操作,极大地减少顾客在银行排队等候的时间。

在该智能网点内,还安装了环岛式的设备,为顾客提供自助开卡以及综合签约、缴费、转账、预填单等服务。借助着智能环岛设备,业务办理流程大约只需要 5 分钟,比传统的办理渠道节省了一半的时间。通过这个自助服务智能系统,客户就可以快速地办理自助或者半自助的业务,从而大大地节省了排队的时间以及办理业务的周期。客户在享受到方便的同时,也享受到更加高效优质的服务。

该网点的智能大厅主要由大厅等候区、自主设备区、电子银行体验区、现金柜台区、非现金柜台区、贵宾理财区、游戏区与健康体验区等区域构成，网点分区、服务模式、功能布局以及业务流程等简单明了，让人感觉非常直观清晰。

在功能分区这一块，所有涉及人工服务的高端客户理财区、现金区以及低柜区都进行了很好的私密性保护。同时，为了让顾客更好地体验到智能服务的功能性与舒适度，该网点内还设立了健康体验区以及体感游戏区，并配套建立了客户非金融服务区、互动桌、厅堂茶点车、儿童活动区以及吧台等具有特色的人性化服务。

这家银行的相关负责人在谈及银行的智能化发展思路的时候，这样说："在银行开始走向智能化的时代，我们更加倡导一种'有温度的智能'，以'科技智慧＋感动服务'来达到智能网点和网点转型的完美人机服务组合，让所解放出来的人力资源可以为客户提供更加高效与细致的人工服务。比如，通过实时监控网点的客流及时地增减业务窗口、重点去跟踪那些等待时间比较长的客户等。这样就可以有效地提升服务的质量以及用户体验。"

该银行的相关负责人还表示，该智能网点的开设，只是银行朝着网点智能化管理所迈出的第一步。在未来，该银行还会在各个环节打通相关的渠道与节点，让智能动线贯穿整个智能场景业务，承载所有业务，为银行的业务发展不断地注入新科技，打开新思路，创造新功能，借助大数据、云计算、互联网以及智能设备等全新的技术手段，及时有效地感知用户需求，提升用户体验，让用户的权益能够实现最大化。与此同时，将智能化的服务延伸到其他的网点以及增值渠道，就能够让金融与科技的融合变得更加有温度，能更好地服务于客户。

那么，人工智能将如何更好地与金融业相融合呢？可以从以下几个方面入手。

第一，在业务前端，将服务客户的方式进行变革。

在过去，银行业与客户发生关系的媒介主要是在银行网点，银行通过网点与客户交流来发现并满足客户的不同金融需求。

网点人员在与客户的深入交谈以及细微观察中,挖掘到用户的潜在需求。在传统的金融业务中,客户的黏性往往是经过网点人员与客户长时间接触之后才逐渐形成的。很显然,这样的服务方式不仅成本高,而且效率低。

在人工智能时代,机器已经能够在极大程度上模拟人的功能,这就能够在一定程度上实现批量人性化与个性化服务客户的需求。这一进步,将会给处于价值链高端的金融机构带来前所未有的影响,人工智能在银行与客户沟通以及发现客户的金融需求等方面发挥着重要作用。

第二,在中端,支持授信以及各类金融交易与金融分析中的决策。

比如,在证券行业之中,可以投资获利的根本原因就是所获得的信息不够对称。在过去,解决信息不对称的方法,只能是通过证券分析师进行信息收集、信息分析以及信息挖掘。而伴随着人工智能的发展,信息不对称性的状况有所改观,这就给一些金融机构获利增加了难度。

借助着人工智能技术,就可以将那些能够影响资产的事件、事件影响的资产以及资产价格的波动幅度等之前只有专业分析师才能享受的资源,以及资产波动预测提供给更多的普通用户,使更多的人能迅速掌握市场的波动情况。与此同时,在业务的处理效率方面,人工智能也大大超越了普通的人工。比如,高盛投资花费 1500 万美元收购了人工智能公司 Kensho 的 AI 智能投顾,凭借着该智能投顾,高盛所获得的信息比传统证券分析师多出了 4 倍,分析速度则是传统证券分析师的 180 倍。

第三,在后台,主要是用户风险的防控以及监督。这一方面虽然与客户的关系不太大,但能够有效地降低金融机构的管理费用以及风控的成本。

比如,在金融业中,机构赢利所倚仗的标准,就是对客户触发理赔条件的风险进行有效的计量。然而,一旦计量有所失误,就会给机构造成极大的损失。一旦损失形成,就算是在资产端获得收益也无法弥补。相反,人工智能因为具备庞大的数据支撑,就可以在一定程度上降低类似道德风险这种不可控的风险因素。

综上所述，我们不难看出，在未来，人工智能化技术将会极大地改变现有的金融格局，包括银行业、金融机构、证券机构等在内的金融行业都可能会因之受益。在未来，这些金融机构的服务也可能会变得更加个性化与智能化，更加精准地满足不同客户的金融需求。

9.5　智能金融的典型应用分析

2017年2月24日,百度公布了其2016年财报。财报数据显示,在过去的一年里,百度的全年营收为705.49亿元,同比增长了11.9%,业绩与华尔街的预期相符。

在阿尔法人工智能机器人惊艳亮相之后,人工智能产业渐渐拉开了帷幕,百度创始人李彦宏甚至将人工智能直接称为"互联网的下一幕"。

2017年,百度邀请了微软全球执行副总裁陆奇出任百度集团的总裁兼首席运营官(COO),开始加速在智能领域的研发、布局与投资,金融服务、无人驾驶以及云计算更是成为其业务发展的重中之重。

当大众仅仅将人工智能当成一个概念来看待的时候,百度公布的财报却已经显示,经过新技术武装的百度金融产品,已经为其带来了极为可观的商业成果。

2016年是百度金融的服务事业群组(FSG)成立之后所经历的第一个完整的财年,在财报中所显示的数据则可以视作百度公司高级副总裁朱光上交的第一份成绩单。

截至2016年12月,百度钱包一共激活了1亿账户,同比增长率为88%;"百度有钱花"以75%的市场份额在教育信贷领域持续领跑。与此同时,百信银行也正式获得了银监会的批复。百度财报上所提及的种种数据无一不显示着，人工智能正在成为百度金融发展的最重要推手。

这主要表现在这样几个方面。

第一，人工智能技术帮助百度金融渗透到了更多的应用场景之中。

百度第四季度财报显示，在租房、家装等新场景中，"百度有钱花"的业务增效显著，并且与领域内众多的投顾机构与知名品牌建立了稳固的合作关系。

在教育信贷方面，与百度达成合作的教育机构达到了 3000 家，环比增长约 80%，所服务的学生数量环比增长了 45%，快速成为业界的领军者。

"百度有钱花"已经渐渐与"京东白条""蚂蚁花呗"一样显露出了一线消费金融品牌的巨大潜能。

这款产品之所以能够发展得如此迅速，得益于百度在大数据以及人工智能等方面具有雄厚的技术基础以及严谨的风险控制体系，以此来实现远程的预授信、秒批等创新功能，帮助更多的用户更加方便快捷地享受到信贷服务。

以百度金融为场景的合作机构新推出了品牌展示、智能获客、信贷服务与企业理财四大定制化服务，凭借着人工智能化技术高效整合了"信息流＋资金流"，极大地提升了业界的竞争壁垒。

正是人工智能所带来的高效率，以及服务方面的优势，让后来崛起的百度金融成功地占据了垂直服务领域，完成了电商之外的场景突破。

百度公司高级副总裁朱光这样说："如果我们给不同客群提供不同金融机构的产品对接和服务，让金融真正发挥作用，金融生态建立起来，真正的普惠金融就可以实现。"

第二，人工智能成为百度金融拓展资产管理业务的能力基础。

在多年的发展过程中，百度一直将大数据风控、智能投顾与量化投资作为其重要的技术研究方向。借助着领先的科技手段，百度金融能够更好地做出资产的筛选，结合自身极强的数据分析与积累能力，利用大数据风控和黑名单筛选，快速识别出一些常规的风控手段所难以发现的问题，筛选出

"问题"资产。

就拿百度大数据风控实验室来说,目前的百度大数据风控实验室已经与浦发银行、"买单侠"等达成了合作,在 3C 分期、房贷分期、现金贷、黑名单、车贷分期以及反欺诈等相关的业务范畴内,为合作伙伴提供信用评分,辅助合作伙伴做出决策。

与此同时,借助着新的算法以及工具,在广泛和丰富的数据基础上,百度还能够精准地为用户"画像",为个人理财和家庭投资提供非常有针对性的方案,推荐更加适合用户的产品。

而这也将是智能金融未来所要发展的一个方向。海外的知名咨询机构科尔尼预计,在未来的 3~5 年,机器人顾问将会成为智能金融的主流,年复合增长率将会达到 68%,到 2020 年时,智能金融机构所能管理的资产规模将有望达到 2.2 万亿美元。

第三,在人工智能的辅助下,百信银行将会给用户带来全新的服务体验。

百度最新获批成立的百信银行是国内第一家采取独立法人运作模式的直销银行。在这种模式下,银行没有固定的营业网点,也不发放实体的银行卡,客户只需通过电脑、手机、电子邮件与电话等远程渠道来获取相关的银行产品与服务。相比于传统的银行机构,直销银行无疑节省了更多的成本,能够为客户提供更加有竞争力的存贷款价格以及更加低廉的手续费率。

百信银行是百度与中信银行合作之后,在百度金融领域所开发的一块试验田,在未来也很可能会成为各种人工智能技术的"演练场"。利用人工智能,在未来,银行与客户的交互方式也将会被极大地改变。

的确,数字科技的不断进步与发展,加速了线下金融业务模式向线上智能处理的转移,从支付、清算、借贷到保险、财富管理等业务范畴都开始与线上接轨。数十亿用户的网络行为与生成的数据,为人工智能提供了决策与参考的价值,能够高效地保证"千人千面"的定制化服务。

百度人工智能、大数据技术在金融领域的探索，给我们带来的启示是非常深刻的。在未来，通过人工智能的成果输出给传统金融机构，传统金融机构在展开业务的时候，就能有效地应用到业务场景中去，进而为用户提供一种全新的业务体验。

10

智能化助保险业实现新突破

当智能化开始成为时代发展的一种趋势之后,金融智能化也开始受到金融机构的重视而被提上了日程。从智能投顾到智能保险,新兴的智能金融机构正渐渐在金融领域的各个阵地有所突破。在智能化的助推下,保险业也渐渐有了新的突破。

10.1 智能保险：保险业新趋势

当金融行业开始朝着智能化的方向发展的时候，保险行业也开始跟上行业发展的新趋势，跟智能化接轨。

在 2016 年 12 月 6 日召开的"WISE－2016 独角兽大会"上，众安保险的 CEO 陈劲分享了他两年多来的心理感悟，对互联网重塑保险业发表了新的看法。

在他看来，伴随着技术的进步，传统的金融业态会受到不小的冲击，而保险业要做的就是逐渐完成从小额、高额、大量向个性化、定制化与智能化的转移。

所谓个性化，就是指所有的系统都根据个人的差异化来进行定制。

所谓定制化，就是指根据每个场景的不同，对保险产品进行再次定制。

所谓智能化，就是指利用智能科技更好地服务客户。

陈劲认为，众安保险不只是一家传统意义上的保险公司，更是一家真正的金融科技公司。

在陈劲的理解中，金融科技应该包含这几个方面：人工智能、区块链、云计算、大数据、能量（创业者内心的激情与力量）。

陈劲在"独角兽大会"上发表了重要演说，其中就提及了这样一段经历：

2014 年陈劲还在中信银行工作时，3 月 15 日那天，中信银行的股票涨停了，同一天，中信银行股票跌停。

为什么会出现这样的情况呢？很简单，在这一天，中信银行的信用卡中心与腾讯、阿里巴巴宣布推出虚拟的信用卡。而在当天央行迅速地叫停了虚拟信用卡与二维码的支付。

这个在那时候看起来能够引起监管机构、金融机构以及互联网行业巨大反响的事件，在今天看来却稀松平常。

陈劲坦言，在信用卡行业工作了 10 年，经历了信用卡行业的迅速发展，也看到了支付行业后期全新的支付形态。尤其是二维码支付，对未来的整个支付行业所带来的影响都是颠覆性的。的确，纵观信用卡行业发展的这30 年，技术的进步深刻地改变了金融行业。伴随着与互联网的加速融合，信用卡的未来也应该会呈现出一个全新的金融业态。

在陈劲看来，信用卡是一种封闭的网络形态，而金融业的未来必定需要一个开放的网络形态。最终，陈劲选择了在中国第一家互联网保险公司——众安保险落脚。

众安保险在成立一年之后，就以其独特的业务模式吸引了上亿的用户。从而，它在成立一年之后，顺利地获得了 A 轮融资。在获得了中金公司、摩根士丹利等参与的投资之后，众安保险的估价已经达到了 80 多亿美元。

在获得第一轮融资之后，众安保险的股本金迅速从原本的 10 亿元增加到了接近 80 亿元，成功入选了 2015 年的独角兽排行榜第五位。

分析众安保险迅速崛起的过程，我们不难发现，众安保险之所以能够获得客户的认可，赢得资本的眷顾，最根本的原因就是跟上了时代发展的潮流，站在了巨人的肩膀上。

在智能信息技术不断发展的过程中，众安保险还推出了很多实用的保险业务，比如说轮胎保险，以及针对信用卡及其支付业务的盗刷保险，还有针对淘宝等电商领域的退货运费险等，甚至在航空领域还推出了航班延误险的险种。

此外，还有一些与可穿戴智能设备连接在一起的险种，比如，根据每天行走的步数来决定投保的金额、投保的内容产品等。

与传统的险种相比,这些险种有着哪些比较明显的特征呢?

首先,就是高额。

就拿运费险来说,在 2016 年"双十一"当天,交易高峰时,一秒钟成交的保单就超过了两万笔。这样的显赫成绩,与众安保险自创的无延迟系统有着极大的关系。

而在传统的保险公司里,就算业务量最大的保险公司,一天内所能够卖出的保单,也不会超过几百万笔。

其次,众安保险的绝大多数产品都是小额险种,从几分钱到几块钱不等。这就能够在一定程度上促成与顾客的交易。

最后,众安保险的很多险种都能够在场景化中实现,由此,它也表现出了非常明显的碎片化特征。

面对众安的发展思路,不少保险业的同行看得不是很清楚。如果众安永远只做这些高频、小额、碎片化的东西,还能有更大的发展空间吗?

面对这样的质疑,陈劲却非常清楚地给出了自己的答案。他坚信,在高频、小额、碎片化的背后,整个保险行业将会被重塑。而重塑的核心,就是更加适合消费者的个性化、定制化与智能化业务,这也将会成为保险行业未来发展的新趋势。

10.2　移动互联智能保险服务呈现全新体验形式

　　在传统的保险业务模式下，有人这样指出传统保险业的弊病："重利轻服务"盛行。北京市消费者协会经过调查之后也发现，保险服务理赔时间长、手续烦琐以及理赔金不合理等都是消费者投诉的热点问题。

　　在互联网开始盛行、移动互联网渐渐渗透到人们生活的方方面面的时候，"重利轻服务"的商业模式显然就会遭遇发展的瓶颈。

　　面对当前行业发展的现状，智能保险服务也应该从增强客户体验入手，为客户提供全新的体验形式。

　　对此，有着20多年保险从业经验的"老保险人"，安心保险的总裁钟诚这样说："从保险业务员做到管理层，我处理过很多因为保险的复杂性以及理赔难而产生的投诉问题。所以，我也一直在思考，到底怎样做才能够提高客户的满意度，让客户的理赔过程变得更加方便。"

　　在这个不断思考的过程中，钟诚萌生了将手机应用到理赔过程中来的想法。以车险为例，当意外发生，客户可以不用等保险公司的人，甚至完全不用等交警到场，通过手机将现场的情况发送给保险公司，就能够实现理赔。当互联网科技处在2G时代的时候，钟诚这个想法想要实现存在着诸多的技术性难题。然而现在，当移动互联网开始发展成为一种时代的趋势，当Wi-Fi和4G网络开始成为我们生活中的"水"和"电"时，这个想法也开始慢慢地变成现实。

当保险遇上移动互联网，技术不再是难题的时候，如何利用移动互联网的便捷手段让客户获得更好的保险服务体验呢？增强客户对保险服务的满意度，成为摆在保险服务行业面前最需要解决的问题。

而这也成为安心保险想要创办一家创新型互联网保险公司的"初衷"。如何让用户获得更好的服务体验，可以从下面几个点入手。

第一，用户需要的是一种安心的生活方式，而不是一份单纯的保险。

保险行业在国内已经发展了几十年，不管是在产品设计上，还是在技术搭建上都已经非常完善，然而，在售后的理赔以及客户满意度上，还多少欠缺一些火候，因此更需要去理解"消费者的心理"。

消费者为什么要购买保险？

从心理层次上说，消费者买的不是保险，而是一种能够让他们安心的生活方式。他们所抵触的也不是保险，而是那种随时可能会发生的危机。这种危机很可能会破坏他们原本安稳的家庭生活。所以，保险从业者只要告诉消费者，保险是他们的一把保护伞，能够保障他们生活的安稳，不会被危机所拖垮，他们也就安心了。

如今，伴随着保险行业的快速发展以及保险意识的不断增强，保险更是成为消费者，尤其是一些年轻消费群体在资产配置中非常关键的一个环节。医疗险、意外险、财产险和健康险等都成为他们经常选择的险种。

对于这些人来说，保险已经不再单纯是一把能够帮助他们抵抗健康风险的保护伞，而是一种能够满足"衣食住行"等各类生活场景的全方位的保障服务。

就拿安心保险中常见的年轻购险人群来说，基本都是毕业才几年的上班族，这些人有拼劲，经常会加班，收入不是很高，财务责任也很少，有潜力，喜欢旅游，还喜欢尝试各种新鲜好玩的事物。在他们看来，他们人生中最大的风险就是逐步上升的财务状况可能会出现崩塌。

对此，安心保险将健康险作为研发中的重点，并且研发出了"安心 e 生"

医疗保险与"安心 e 家"医疗保障计划。

同时,这些人在现实生活中,可能还需要面临着恋爱、婚姻、创业、娱乐等一系列的生活需求。安心保险为此还专门研发出了针对爱情甜蜜期的"恋爱险",针对滑雪的"滑雪意外险",以及更简单、更实惠,也更为人性化的"安心互联网车险"等新型的险种。

从用户的生活场景中不断挖掘可保的险种,综合用户的年龄状况、生活状况以及财务状况等,开发出更加适合他们生活场景的创新性险种,让用户的生活可以得到全方位的保障,就是移动互联网智能保险服务发展的战略核心。

第二,用户需要的是高品质的服务。

随着各行各业的竞争加剧,保险行业内用户对保险服务的诉求也开始变得多样化与差异化。

如何更好地为用户服务,增强用户的体验,成为摆在智能保险先行者面前的一个难题。对此,保险从业者可以从以下几点进行考虑。

首先,用自己的关怀,让客户体验到温情。面对意外,客户本身就处于一种低落和伤心的状态之中,这个时候,他们所需要的也不仅仅是保险理赔服务方面的专业引导,更需要有人能够及时地安抚他们的情绪。

比如,某保险理赔员就曾经接到过一封客户亲笔写的感谢信。原来,在2016 年年底,这位客户的父亲不幸遭遇车祸去世,从报案到收到理赔金,仅仅用了不到一周的时间。在这一周的时间里,理赔员陪着客户异地查勘,周末、雨雪天气也不曾耽误工作。高效和负责的理赔服务,让客户感到很贴心。

其次,让服务流程更加标准化。

传统的保险理赔往往需要很多环节,耗时长,效率差;而在智能保险阶段,要求在线客服迅速反应,建立起标准化的服务流程,提升理赔的效率,简化用户等待的时间。在销售环节,严格履行自己的告知义务,对理赔环节中出现的拖赔、惜赔、压赔等问题建立起相关的处理规定。

最后，建立起一体化的解决方案。

对用户来说，他们最关心的只是结果，什么样的结果呢？快捷服务。在智能化时代，将移动互联、大数据、云计算以及人工智能技术等植入服务客户的流程中去，就能够有效地建立起一个一体化的解决方案。比如说，某保险公司就提出了互联网车险人伤垫付与探视服务。客户只需打来一个电话，如果在保险金额的范围之内，保险公司就可以根据客户的授权，参与到处理医疗费用等事宜中，预赔付前期的医疗费。同时，还为客户提供现场调解、住院探视、重大伤残鉴定陪同、人伤理赔、医疗救援指导以及司法咨询等全程指导服务。

说一千道一万，保险业想要让客户满意的根本就是要提供高品质、高效率的服务。结合特殊的场景提供特殊的保险，提升社会大众对保险的满意度，让身边的保险变得更加人性化，这也将是智能互联网时代智能保险服务从业者提升核心竞争力的一个关键手段。

10.3 保险数据分析在实现智能商业中的应用

随着移动互联网技术的不断发展,科技手段已经成为未来保险行业发展的必要辅助条件。传统的保险行业受到的互联网渠道冲击也越来越明显。一方面,传统保险中介机构中的"熟人""转介绍"模式已经渐渐被更为精准的大数据营销所取代;另一方面,互联网服务的边际成本相比于传统服务的边际成本,相对较低。

泛华保险是保险中介行业的龙头企业。在这些年里,泛华保险对保险中介各类产品的模型设计展开了深入思考,其中就包括如何解决多次录入问题,如何让数据自由流动以便能够提供更好的用户体验问题等。

泛华保险还针对这些问题,特别建立了保险中介行业内非常具有代表性的保险全产品销售管理的模型以及管理平台,以便能够统一管理所有的保险产品以及服务。泛华保险设立了独特的闭环运作体系,打通不同公司间的各个系统;建立起高效管理多方协作的平台,保证保险公司、电商平台、销管核心三大平台在投保、核保、承保、出单过程中的一体化运作。

在这个过程中,最值得我们学习和借鉴的就是,泛华保险将未来的发力点有效地聚焦在了大数据以及人工智能等领域,积极地把握住了互联网金融信息服务行业的发展机遇,建立一站式的大数据服务平台,深入地挖掘数据的价值,加快大数据金融的发展步伐。

在这个智能化开始唱主调的时代,科技保险渐渐开始崭露头角,在保险和综合金融服务领域,科技保险的代表企业们开始积极地探索基于大数据、云计算的人工智能技术,借助着大数据与云计算强大的数据分析与查询能力,让用户可以智能化地选择产品与投资的组合,并且可以根据用户需求的不同,为用户量身定制,提供优质服务。由此,用户体验获得极大提升,用户黏性也得到极大的提高。

泛华保险的技术负责人在谈及企业未来的发展时,这样说:"未来泛华保险将会利用大数据+人工智能,帮助每一位用户获得符合自身特点的风险保障方案,组合出不同的保险责任。与传统的由代理人为客户提供保险方案不同,基于大数据的人工智能将做到根据用户画像来分析用户需求,精准匹配更适合的保险方案,简化产品本身的复杂性,使之真正符合用户需求,同时也能很好地提升用户体验。"

全新的数据分析技术,不仅能够更好地为消费者服务,而且能够更好地为代理人服务。业内人士分析称,在保险的销售环节里,新技术可以让代理人有效地提升销售的效率。

这怎么理解呢?

首先,通过大数据技术,可以将不同特性的用户进行分组管理,然后确定出每组用户的特性与需求,预测出用户的行为。代理人根据大数据所做出的预测,就能够为用户提供更加适合的保险产品以及配套服务。

其次,借助着大数据分析技术,保险从业者就可以对投保人的生活方式、年龄阶段、偏好需求、行为模式等基本信息展开深入的数据挖掘,分析出各个险种之间的关联以及用户的实际需求,进而有效地帮助代理人将分析结果转化为销售机会。

纵观我们周围的保险行业,大数据与人工智能化在金融服务领域已经获得了飞速的发展,与之相伴而生的创新性产品、营销手段以及服务,给更多的用户带来更好的综合金融服务体验,让购买保险的用户获得更好的风险保障,从而实现了财富的快速增长。

在智能化时代,数据这个保险行业的核心,更是受到了各类保险公司的青睐。在智能金融开始不断涌现,越来越多的从业者开始使用智能化手段来操作业务流程的时候,大数据的性质也正在发生着极为微妙的变化。

比如说,保险公司可以获取的数据数量、多样化、速度等都在快速地增加。实时的天气资讯、地理空间数据、公共记录、设备与感应器所捕获的数据等,都为科技保险的持续发展提供了强大的技术支撑。

与此同时,来自于社交媒体的文章、视频以及电子邮件等快速变化的数据来源,也开始对各种非结构数据进行及时的补充。

在这个智能化的商业时代,保险公司如何高效地利用非结构化的数据为自己企业的发展提供动力呢?

其实,每个保险公司都拥有海量的数据财富,但是,如何充分利用好这些数据,就必须要做好充分的准备:更好地容纳传统和非传统的数据来源,让其成为大数据用户,并且利用正确的分析工具来让所拥有的数据变得更加有意义。

大数据所提供的分析技术,能够为保险公司提供更多实质性的机会,让公司更加具备行动的依据,以便更好地预测结果。

比如,保险公司就可以利用大数据手段,做出如下预测:

☆ 确定客户关系以及接下来的行动计划。

☆ 有效改进索赔操作的程序以及欺诈检测。

☆ 执行近乎实时的大灾难风险建模。

☆ 及时获取那些可付诸行动决策的企业,进行洞察分析。

☆ 有效提升保险业务人员的工作时效。

☆ 适时转变联络中心的运作方式。

利用大数据进行分析和判断,能惠及保险组织的每一个层面。保险的推销人员就可以及时获取最实时、最个性的方案,然后增加交叉销售与追加销售的机会。

索赔分析师以及核保人员就能够利用流式试题分析,对欺诈风险快速标识,并且做出快速的合法索赔处理。

　　精算师能够极大地改进大灾难的风险建模,将分析运用到万亿级别的记录中,进而有效地改进保险的定价以及设定限额,有效地降低风险敞口。

　　正是从以上方面分析,我们才认为,大数据已经成为众多保险公司在智能商业化发展中的一项重要"自然资源",将大数据与分析有效结合之后,保险公司就能够对业务变革及时地做出反应。比如,利用大数据及时地获取和留住客户;优化运营环境、打击欺诈与威胁等行为。

　　当大数据和智能化发生碰撞,传统保险行业面前也就出现了一条崭新的出路。利用大数据来指引自身的业务发展方向,利用智能化来提升用户的体验,保险行业也就能够更好地适应智能商业时代的发展趋势。

10.4 大数据让保险营销更有针对性

当智能化开始走近人们的生活,越来越多的保险企业开始利用无所不在的智能化网络来展开自己的营销业务。而越来越多的保险企业也开始利用智能化的手段来锁定自己的保险对象,对意向客户进行画像、数据分析与需求研究。

大数据技术也用事实告诉了保险企业,在所有险种中,女人更喜欢买什么险。在当代社会,女性充当着多种角色,女儿、妻子、母亲、员工,在家庭、职场等场合担负着多重责任。面临着复杂多变而又未知的场合风险,保险就渐渐成为众多女性青睐的对象。

在 2017 年"三八"妇女节来临之际,第三方服务平台慧择网出炉了一份研究报告。在该份报告中提及了这样一些数据,近 3 年来,女性购买保险的订单增速迅猛,各个年龄阶段的女性,在购买保险的喜好上明显有着极大的不同。

数据的分析显示,女性在购买保险的时候,主要有这样几个明显的趋势:

第一,年轻女性更加青睐投旅游险。

从数据的具体分析结果来看,各个年龄阶段的女性在购买保险的时候,所中意的险种也各有不同。

慧择网的一份数据显示，18 岁到 24 岁的女性用户普遍偏爱旅游出行，在此年龄阶段会购买旅游险的人数高达 84％，而 60 岁以下的女性用户在旅游保险保费指标上占据上风，超过同年龄层的其他险种的支出。30 岁到 34 岁的女性用户，最为青睐的则是健康保险，投保用户的数量占比达到了 17％，明显要高于整体用户 10％的比例，保费占比也要远远高于整体。在 50 岁到 59 岁这个年龄阶段的女性用户，理财和养老成为她们最为关注的话题之一，从统计的数据中可以看出，相比于年轻女性，50 岁到 59 岁这个阶段的女性更舍得在理财保险上做出投资决定，保费占比高达 17％，明显要高于整体用户 5％的比例。

随着科技的进步，保险公司能够根据互联网保险的人群为自己的潜在消费者画像，30 岁成为消费者开始为自己添置保险的一个时间点。在进入而立之年后，女性消费者大多有了稳定的收入，也大多组建了自己的家庭，开始对生活做出长远的规划，对未来有了更多的期待。也因此，她们对保险产品的需求以及消费能力都开始大幅上升。对她们而言，更加关心自身以及亲人的健康能否得到保障。而 50 岁之后的女性大多面临着退休，手里握有丰富的积蓄，购置保险产品来打理她们闲散的资金，就成为她们最常做出的选择。60 岁以上的女性用户，开始注重养老和自我情感的陶冶，有多达 86％的女性会将保费投到旅游保险上。这种趋势也在一定程度上折射出了这样一个现象，在最近几年里，旅游已经成为老年人退休养老的一种全新的方式，老年人的旅游消费市场同样潜力巨大。

第二，爱幻想和浪漫的女性所投健康险保费占比达 64％。

有关的报告显示，不同性格的女性在选择险种的时候，偏好也是各不相同的。

爱幻想和浪漫的女性投在健康保险上的支出占比高达 64％，是所有女性中在此险种投入占比最高的，比整体女性用户占比 58％明显要高。充满浪漫幻想的女性，不仅顾家，而且对自己的健康状态也非常关心。而性格严谨的女性投保短期理财险的支出占比则为 11％，比整体女性用户 5％的占比明显高出许多；喜欢稳妥的女性投保长期储蓄类型的保险支出占比为7.1％，在所有女性用户中拔得头筹。

第三，超过六成的女性愿意为自己投保。

数据分析发现，现在更多的女性用户愿意为自己投保。数据显示，女性用户中，愿意为自己投保的占比为64％，女性关爱自我的意识正在逐渐觉醒。

除此之外，还有大约17％是母亲为子女投保，11％是妻子为丈夫投保，还有8％是儿女为父母投保。

利用数据对投保的用户进行分析，保险公司就能够更加精准地找到顾客的需求在哪里，并根据顾客的需求，提供使顾客更加满意的服务。

10.5 智能保险的典型应用分析

伴随着智能化开始走进人们的生活,各行各业都搭上了智能化的快车。在大势所趋之下,阿里旗下的线上线下医药一体健康服务网站——阿里健康,与太保安联展开了合作。

对此阿里健康事业部表示:在和太保安联合作后,除了将太保安联现有的健康险产品在线上进行投保、理赔申请、审核以及直付等流程外,还将会针对互联网现有的发展需求以及场景,开发出全新的产品,其中就包括为那些在阿里健康云医院就医的患者设计产品。此外,双方还会围绕分级诊疗等医改政策,探索社区医院、家庭医生、疾病防控、慢病管理、健康管理以及养护护理等方面的商业保险服务新模式。

太保安联健康保险股份有限公司,是中国太平洋保险(集团)股份有限公司旗下的产业,由中国太平洋保险和德国安联保险集团于2014年联手成立。

太保安联是一家专门致力于健康与关爱事业的公司,其业务目标就是要为个人或者团队客户提供更加全面的健康保险保障以及健康管理服务。

与太保安联的合作,无疑让阿里健康在智能保险领域再次迈出了一大步。在谈及阿里健康未来的发展时,其相关的负责人这样说:"在未来,我们并不排除阿里健康会推出类似于余额宝、娱乐宝等形式的健康理财产品,让更多年轻的用户在获得健康保障的同时,还能够得到高于银行活期利率的收益。"

对此,太保安联同样也保持着非常乐观的心态,对双方的合作充满着期待。双方这种开放的合作心态,非常有助于探索出符合健康服务业与健康保险业的经营模式,从而衍生出更多符合用户需要的应用场景,方便快速构建出线上线下一体化的健康服务新业务以及生态圈。

与此同时,双方的合作,对发展互联网智能保险也非常有利。创建出的互联网智能保险的控费系统,将可能成为阿里健康与太保安联展开合作的重要切入路径。

阿里健康拥有强大的电子数据处理能力、风控引擎与人脸识别技术以及大数据分析能力,而太保安联则拥有丰富的理赔经验,双方优势互补,就能够有效地形成行业控费的双保险安全体系。

伴随着信息技术的不断进步,大数据技术已经变得无处不在。当大数据与保险发生了激情的碰撞,用于互联网保险产品的研发,就可以更加精准有效地满足参保人的个性化需求。在多年的经营与发展过程中,阿里巴巴在互联网电商领域有着雄厚的积淀,能够给阿里健康提供更多有力的数据支撑,有机会形成"中国特色"的 PBM(药品福利管理)模式,有效地促进医疗、医药、保险以及健康管理方面的良性互动。

在与太保安联达成合作之前,阿里健康就已经和浙江、河北等省的地方政府进行过小规模的试点合作。试点的结果显示,通过数据监控药品的流向,在某种程度上就能够极大地为医保节约资金,还能发现骗保行为。

假使我们能够将医保控费解决方案应用于商业保险,那么不仅能够为商保公司提供可贵的医保经验,还能够帮助商保公司建立起风控系统,实现业务的精细化管理,有效地控制理赔的风险。

太保安联的相关负责人对于双方的合作,也发表了这样的看法,双方通过优势互补,在医保控费、云医院医疗控费等方面能够有效地提升商业公司的运营效率,有效降低运营成本,提升公司的运营空间。

　　阿里健康与太保安联能够达成合作，从某种意义上说，也是市场发展趋势所促成的。近些年来，国家开始积极支持商业健康保险的发展，并陆续发布了不少文件来促成商业健康险的普及。

　　不仅如此，国家还出台了相关的政策，比如，在税收政策上给予保险行业支持，赋予商业保险更大的发展空间。

　　2017年5月12日，财政部、税务总局以及保监会联合出台了《关于开展商业健康保险个人所得税政策试点工作的通知》，通知指出，对于那些购买商业保险产品的支出，可以在个人所得税中扣除。

　　国家卫生和计划生育委员会卫生发展研究中心医疗保障研究室辅助主任顾雪非发表了自己的看法，如果商业保险公司，特别是那些规模比较大的商业保险公司，通过HMO（Health Maintenance Organizations，健康维护组织）对我国的医疗服务体系进行整合，就能有效地调节医疗供给的关系，优先提供更加具有成本效果的服务，让整个医疗体系变得更加高效。

11

智能化营销为旅游业带来新变革

随着社会智能化脚步的加快,各行各业都在努力搭乘智能化的快车。旅游业也不例外,在移动智能开始普及的时代,旅游业充分利用移动互联网的优势,开始通过智能化营销来展开业务,为旅游行业带来了全新的商业变革。

11.1　智能手机正全面改变旅游市场格局

随着科技的进步,智能手机渐渐成为人们生活中的重要组成部分。传统的营销方式开始朝着线上转移。

越来越多的旅游 App 开始抢占用户手机平台,新一轮的营销,在移动互联网领域展开,旅游行业的智能化竞争也开始拉开了帷幕。

在这种情形下,旅游业如何充分发挥出互联网的优势,让旅游变得更加移动智能化呢?这需要从这样几个方面来分析。

第一,互联网技术的大发展,不会动摇旅游景区的原有优势。

这主要是因为,旅游业大多具备这样几个特点:

(1)持久性。不少的业内专家认为,在开发旅游资源的时候,只要注意合理地保护现有的资源,那么旅游业的产能是可以长久保持的。

和传统产业相比,旅游产业所依托的资源,并不会因为市场环境的变化或者主观的变化而发生改变。也就是说,旅游产业所带来的效益是持久性的。

(2)差异性。旅游景区资源的形成过程,往往是由多种因素促成的,很难模仿。绝大多数的旅游景区,在创立之初,其实就已经具备了一定的差异性,与别的旅游环境有所不同,而这也是旅游景区能够开展市场行为最重要的条件之一。

（3）不可替代性。和其他产业不同，旅游产业资源都是经过长期的自然累积或者是历史原因形成的，这种资源本身就是不可替代的，这就极大地保证了资源的唯一性。与此同时，旅游消费还是一种伴随性的心理消费。比如，旅客在旅行的过程中，精神需求就能够得到极大的满足，既能够享受到山水风光，又能够放松身心，有效地缓解压力。这种功能也是其他产业所无法替代的。

第二，互联网技术的发展，进一步发扬了旅游景点已成型的竞争优势。

旅游资源所具有的差异性以及不可替代性，让不同的旅游景点都能够在传统的竞争之中形成自己独有的优势。

互联网所具备的广泛传播与快捷传播的特点，更是有利于景区将自身的竞争优势进行快速的传播。

此外，如果景区的资源类似，竞争的主要层面就表现在企业的运营效率上。从当前来看，互联网无疑是提升运营效率最为强大的工具。

互联网让信息的互动与整合变得更加迅速与快捷，也使得整个价值链过程的效率变得更高。与此同时，作为一个拥有共同标准的开放平台，旅游公司还可以通过更低的投资来获取收益。

面对高速发展的互联网技术，有些旅游企业感到无所适从，甚至是茫然不知所措，由此对旅游业开始走向智能化采取了观望和排斥的态度。实际上，只要善于分析自身的优势，把握住互联网营销的特点，任何一个旅游企业都可以找到企业取得竞争优势的最佳途径。

第三，互联网技术的广泛应用，能够为旅游景点提供全新的资源。

旅游产业是一个可以持续赢利的产业，每一个企业都期望在市场竞争中明确自己的竞争优势。尽管企业在竞争之中可能会形成自身的优势，然而，在信息化高度发达的今天，任何企业所采取的方式和方法都非常容易被模仿。简单举个例子，如果要模仿一个景区的网站，就算是在前期进行了大量的策划，想要完全仿制，也需要一个月左右的时间。

在这样的现状之下，企业虽然可以通过互联网的高效运作来提升企业的运营效率,但是,显然无法长期独享这种优势。

相比之下,如果企业能够借助互联网,在整个价值链过程中不断进行创新,依托着互联网技术,让价值链变得更加复杂,那么竞争对手就很难再模仿。根据不同用户的不同需求,灵活地变革服务的内容,发挥出互联网的即时互动特性,对游客的需求进行及时有效的分析,就能够及时地把握住游客的变化需求,设计出更加个性化与人性化的服务,从而在激烈的市场竞争中占据一定的优势。

第四,互联网技术的发展,让消费者的问题能够获得一站式解决。

当前,在线旅游市场已经处于一种高速发展的状态。

艾瑞检测的数据显示,2015 年中国的在线旅游市场交易规模已经达到了 4326.3 亿元,同比增长 39.9%。在国内自由行与跟团游的比例也达到了 8:2,进入了一个散客自由行的时代。

但是,消费者从开始有出行的动机,到出行实现,大概需要进入八大类的网站。而绝大多数的自由行游客都希望获得一站式的解决方案,缩短自身旅游决策的时间,并兼顾到社交。如此一来,那些能够满足旅行爱好者深度、碎片化需求,能够把线下原有的资源搬到线上,能够直接面对顾客,快速解决问题的旅行网站就受到了自由行旅客的喜爱。

第五,"互联网+旅游",未来不可估量。

在 2015 世界旅游互联网大会上,中国旅游研究院院长戴斌曾这样说:"在互联网时代,一个地方美丽不美丽、值不值得去,已经不再是某个拥有信息垄断权力的精英机构说了算,而是由千千万万的普通游客在网上发表的主观感知和评价分享的结果说了算。"

用户的评价将成为游客是否预订旅游产品的重要依据,这个变化,就会刺激着旅游企业不断地去进行改变。

阿里旅行部的总经理李少华这样说:"在过去的 IT 时代,旅游创新是以产品为中心;现在通过大数据分析用户评价,旅游创新越来越以用户为中心。"

在这个移动互联网大发展、智能手机盛行的时代,消费者的个性化旅游需求正在不断地被释放,旅游业正在发生着翻天覆地的变化。在这种时代背景下,只有那些能够快速变革新思路的旅游企业,才可能赢得更好的发展,更好地拥抱未来。

11.2　旅游业中的人工智能创新

在互联网诞生的这十来年时间里,信息技术已经成为生产力中最为活跃的因素,并日益渗透到人们生活中的方方面面,改变着人们的生活。

就像远程运输实现旅游业的第一次变革一样,信息化也正在推动着旅游业发生第二次变革,并为旅游业带来更多创新的空间与进步的可能。

旅游业主要处理的是人、信息、资金等的流动,实质上就通过信息流引导游客的流动以及合理地配置相关的服务,实现整个流程的顺畅运转与无缝配合。

在当前旅游业的发展过程中,信息起着非常重要的作用。旅游业又被称为信息密集型和信息依托型产业。

伴随着人工智能化的不断发展,电子技术、信息技术、数据库技术以及网络技术等开始被频繁地应用到旅游业中。在这些数据的支撑下,旅游平台对各类信息与资源进行了高效的收集、整理与整合,实现了信息的有效交流以及业内共享,推动着旅游业生产能力的不断提高。人工智能也成为旅游业自我管理与发展的重要手段。

在信息化的促进下,旅游业正尝试着不断地创新。实际上,在近十年里,不管是发展模式创新、管理组织创新、经营手段创新还是产品服装创新,旅游业大多是和信息化联系在一起的。

信息化给旅游业带来的创新,主要表现在这样五个方面:

第一,中介新图景。

在传统的旅游行业,中介就是旅行社,人们往往会将旅行社称为旅游业的"龙头和组织者"。实际上,从旅游业的发展来看,也正是因为有了旅行社的诞生,这个行业才会被当成一个产业。

随后,信息技术的大发展,为旅游业的创新提供了有力的工具。比如,基于增值网络的计算机预订系统、分销系统以及机票代理人系统等等。这些系统,一头连接着旅游供应商,另一头连接着旅行社,将数以万计的旅游产品信息在二者之间传递,构成了旅游业内分销的网络骨架。

在互联网诞生以后,旅游中间商成为旅游业的"新大陆",专业的旅游预订网站、门户网站以及地方网站、旅游业目的地营销系统等网络旅游的中介开始纷纷涌现。

旅游企业开始挖掘互联网的巨大价值,建立了电子商务网站,开展旅游产品的直销与分销。

发达的网络不仅没有取代传统的旅行社,还使旅游中介呈现出了更加多元化的格局。这些中介之间又建立了多层次的合作以及代理关系,构建出一个新的多层的中介系统,这样不仅能够使得旅游业的分销方式更加丰富,还能够改变旅游业的竞争格局。

第二,催生出了新的业态。

信息技术被广泛应用于旅游行业,使得旅游业中诞生出了很多的新生业态。

分时度假就是一个非常典型的例子。想要达成分时度假的目的,就必须要有基于网络的分时度假交换系统。交换系统所拥有的度假村或者度假饭店资源越多,消费者参与度也就越广,整个系统的价值也就越能够凸显出来。

再比如,饭店集团之间或者是单体饭店之间所结成的营销预定联盟,就能够将顾客的数据实现共享,有效实施优惠组合以及消费累积计划,快速开发出网络预订的平台,形成全新的联盟合作关系。

对于任何一个旅行社来说,假如没有信息网络充当企业的"神经中枢",连锁门市经营和异地网络化经营几乎就不可能实现。在传统的旅游行业中,旅行社的顾客资源一般都会掌握在优秀的经理人手里,一旦发生经理人辞职事件,走掉的就不仅仅是一个经理人,而是很多原本属于旅行社的顾客。正是因为如此,旅行社才深切地意识到,自己必须要掌握住客源,由此,一些旅行社的管理软件也应运而生。

第三,组织、流程被创新。

自主创新的一个重要内容就是组织与流程的创新,旅游企业开始实施管理信息化,就能够有效地完成企业内部的信息采集、传递、分析处理、输出以及管理控制等环节,避免手工操作的效率低下以及时间延迟问题。

与此同时,技术的进步还会对管理产生非常深刻的影响。比如,流程清晰就能够让各部门的业务与财务信息变得更为透明,极大地减少了有些部门暗箱操作的可能。

信息化还能够对企业中的一些传统岗位形成替代,使得企业的组织形式更加精练和扁平。

第四,展开全新的营销。

旅游目的地信息系统高效地整合了旅游目的地的信息收集、存储、加工与传递功能。一方面,它能够支持网络营销,让旅行者在出行前就可以通过各种有效途径,提前了解他所向往的目的地的交通、住宿等,方便进行预订;另一方面,又能够使那些到达目的地的游客通过旅游的信息系统展示,及时地获取各种旅游信息。此外,在游客结束旅游之后,旅游企业还能快速地收集游客的意见与反馈,凭借全方位的信息服务体系,打造出更具现代化的旅游目的地形象。

第五,创造出了全新的服务。

信息化带给旅游业的创新空间非常大。这主要体现在三个方面:第一是有效地拓展和提升了旅游信息服务;第二是创造了全新的旅游服务项目;

第三是凭借信息技术对旅游服务设施有效地进行了改造;第四是个性化的服务开始得到普及,旅游服务的业务开始朝着增值化的方向发展。

信息化技术不断地促进旅游业的创新,就能够让信息化与旅游业高效结合,催生出新的产业形态、服务、产品以及流程。

当然,这一切都必须立足于我国旅游市场的发展特点、企业的发展要求以及消费者的行为习惯等条件之上,这样才能探索出适合我国旅游业发展特点的信息化模式、经验以及技术,更好地完善旅游行业,让旅游行业也能够搭乘智能化发展的快车。

11.3　智慧旅游的典型应用分析

伴随着人们生活水平的不断提高，旅游已经成为人们休闲度假最主要的方式之一。而智慧旅游也渐渐衍生成为旅游产业发展的一种全新的模式与形态，越来越受到人们的青睐。

游客只要手中拥有一部智能手机，就能够随时随地查看路线，旅游管理者也可以通过热力图来及时地查看景区的人流量，各种智慧旅游被广泛地运用于旅游体验、产业发展以及行政管理等方面，各种各样的规划方案也开始竞相出炉。

然而，虽然发展智慧旅游已经成为旅游企业的共识，但是，目前的情况却是不少地方的智慧旅游建设方案还存在着很多不足。比如，除了在硬件与软件上引入了新技术与新方法之外，智慧旅游与传统意义上的旅游信息化并没有太大的差异。智慧旅游中的"智慧"应该体现在哪里，并没有清晰的规划。智慧旅游的市场还不成熟，部分旅游企业还没有觉悟。也就是在这种情况下，新东网率先提出了对智慧旅游的理解以及解决方案。

第一，智慧旅游综合平台是构成智慧城市的重要部分。

智慧城市几乎涵盖了城市生活的方方面面，与每个人的切身利益息息相关。而智慧旅游则是智慧城市这个大平台上的重要组成部分，新东网智慧旅游综合大平台就是智慧旅游综合大平台的一级入口。借助这个平台，游客就能够充分做好旅行前的准备、旅行中的互动以及旅行后的分享等等。

第二,智慧旅游牵连甚多,组成一张巨大的关系网。

在旅游业的最初发展阶段,景区、酒店以及旅游设施等是各方关注的重点。随着旅游业的不断发展,如今的旅游业已经进入了一个全民旅游、自驾旅游与个人旅游的新阶段。

传统的景点旅游模式,已经不能再满足游客多样化的旅游需求,全域旅游的概念随即应运而生。从传统的景点旅游转变为全域旅游,需要旅游行业实现如下转变:

☆ 从单一景点景区建设管理到综合目的地的统筹发展转变,快速破除景点、景区内的体制壁垒与管理壁垒,完成多规合一、公共服务一体化、旅游监管全覆盖。

☆ 从门票经济朝着产业经济转型。

☆ 从导游必须由旅行社委派的封闭式管理体制,到导游可以自由有序流动转移的开放式管理转变。

☆ 从低效的粗放式旅游向高效的精细化旅游转变。

☆ 从封闭的旅游自循环朝着开放的"旅游十"融合方式转变。

☆ 从旅游企业的单打独享朝着社会共建共享转变。

通过这些转变,最终就能够让旅游企业实现从小的旅游格局朝着大的旅游格局转型。

经过对客户数据的分析整理可以发现,目前的智慧旅游综合大平台上的目标用户主要可以分为两个大类。

☆ 政企客户。这类客户主要是通过与合作伙伴展开项目合作,进而为自身带来收益的相关方,比如政府旅游主管部门、景区管理部门、周边商户以及旅行社等旅游行业的从业者等。

☆ 公众客户。主要是指那些对旅游有着较强消费能力的普通游客以及导游。

明确目标用户群体之后,就有利于人们对智慧旅游平台的进一步认知。

业内人士认为,智慧旅游想要更加"智慧",就需要关注"旅游服务的智慧""旅游管理的智慧"以及"旅游营销的智慧"三大方面,而不应该只关注信息化和互联网化。

对智慧旅游平台来讲,需要注意这样三个核心。

其一,旅游服务的智慧。智慧旅游平台是一款面向客户端的产品,所以也应该从用户的角度出发,借助通信技术不断提升用户的旅游体验以及用户旅游的品质。

借助着智慧旅游平台,游客在信息获取、计划决策、产品预订支付以及旅游、回顾评价的整个过程中都能够享受到来自于智慧旅游平台所提供的全新服务体验。

其二,旅游管理的智慧。借助着信息化的手段,相关部门就可以及时而准确地了解到游客的旅游活动信息以及旅游企业的相关经营信息,完成传统旅游行业监管从被动处理、事后管理向过程管理以及实时管理的转变。

与此同时,智慧旅游平台还能够与公安、交通、工商、卫生、质检等部门形成信息的共享以及协同互动,结合旅游信息数据形成旅游预测预警机制,有效地提高景区在面对突发事件的应对能力,保障用户旅游过程的安全。同时,高效处理用户对于旅游质量问题的投诉,有力地维护旅游市场的秩序。

其三,旅游营销的智慧。智慧旅游平台通过对旅游舆情的监控以及数据分析,就能够有效地挖掘出旅游的热点以及游客的兴趣点,有效地引导旅游企业策划出相对应的产品,制定出相对应的营销主题,从而有力地推动旅游行业的产品创新以及营销策略的创新。

智慧旅游平台是智能化时代的产物,针对游客以及旅游服务企业,广泛运用信息技术,改善经营流程、提高管理水平、提升产品与服务的竞争力,促进游客、旅游资源、资源企业以及旅游主管部门之间的联系与互动,就能够让旅游资源获得高效的整合,推动整个旅游产业的跨越性发展。